SUSAN FINDEN

Casper

Ein Kater geht auf Tour

Die wahre Geschichte eines busfahrenden Katers

Aus dem Englischen von
Carola Kasperek

Weltbild

Die englische Originalausgabe erschien 2010 unter dem Titel
Casper, the Commuting Cat
bei Simon & Schuster UK Ltd, London, England.

Besuchen Sie uns im Internet:
www.weltbild.de

Genehmigte Lizenzausgabe für Weltbild Retail GmbH & Co. KG,
Steinerne Furt, 86167 Augsburg
Übersetzung: Carola Kasperek
Lektorat: Lüra – Klemt & Mues GbR, Wuppertal
Satz: Anna-Maria Klages
Illustrationen: © Peter-mac.com
Abbildungen: Alle Fotos © Susan Finden
außer Nr. 1 © Karen Baxter, Nr. 16, 17, 19, 20, 22, 23 © SWNS Ltd.
Umschlaggestaltung: Lizzie Gardiner
Umschlagmotiv: Archiv der Autorin (Casper) /
Shutterstock (Koffer) / Peter Mac (Illustrationen)
Druck und Bindung: CPI Moravia Books s.r.o., Pohorelice
Printed in the EU
ISBN 978-3-95569-010-6

2018 2017 2016 2015
Die letzte Jahreszahl gibt die aktuelle Ausgabe an.

Dieses Buch ist Ihnen, meinen Leserinnen und Lesern, gewidmet, denn der Erlös kommt Tieren in Not zugute. Und selbstverständlich wurde es zum Andenken an unseren besten Freund, den lieben alten Casper, geschrieben.

Inhalt

LUNCH
BOX

Prolog

Dies ist die Geschichte einer Katze – einer einzigen kleinen Katze. Auch andere Katzen spielen darin eine Rolle, im Wesentlichen jedoch geht es um Casper. Ohne ihn gäbe es weder die Geschichte noch dieses Buch.

Vielleicht haben Sie ja schon von meiner Katze gehört. Wenn ja, geht es Ihnen wie Hunderttausenden anderer Leute überall auf der Welt. Eines Tages verließ Casper das Haus, stieg in einen Bus und eroberte die Herzen einer ganzen Nation, und je weiter sich die Geschichte vom Bus fahrenden Kater verbreitete, desto berühmter wurde er. Doch für Casper spielte das keine Rolle. Für ihn zählten die schönen Dinge im Leben – ein warmes Plätzchen im Bus, etwas Gutes zu essen bei seiner Heimkehr und vor dem Schlafengehen ein paar Streicheleinheiten. Ihm war gar nicht bewusst, welches Aufsehen er erregte.

Das Leben meinte es gut mit Casper. Das war nicht immer so gewesen, aber seit ich ihn aufgenommen hatte – Jahre bevor sein Name in die Schlagzeilen geriet –, wurde er geliebt und war glücklich. Er hat mir und anderen so viel gegeben. Aber wenn Sie Casper kennen, wissen Sie auch, wie die Geschichte endet, und an diesem Punkt will ich beginnen. Ich muss gestehen, jetzt, da ich beim Schreiben in meine Erinnerungen eintauche, fließen die Tränen. Warum? Weil ich meinen prachtvollen Kater verloren habe. Ich habe Casper verloren.

Manche Leute werden mich verlachen, andere werden sagen, eine so tiefe Trauer sei völlig übertrieben, schließlich gehe es doch »nur« um eine Katze. Sie irren sich, denn Casper war nicht *nur* eine Katze. Für mich war er eines der erstaunlichsten, außergewöhnlichsten Wesen, die es je gab, und von dem Tag an, als er in mein Leben trat, bis zu dem Augenblick, da er mich verließ, wusste ich, dass ich diese ganz besondere Katze niemals vergessen würde. Dabei konnte ich jedoch nicht ahnen, dass dieses durchtriebene kleine Fellbündel auch viele andere verzaubern würde. Er sollte nicht nur meine Weltsicht verändern, sondern Menschen in aller Welt daran erinnern, was wirklich zählt.

Heutzutage, da die Nachrichten voller schrecklicher Ereignisse und herzzerreißend trauriger Begebenheiten sind, sodass wir manchmal alles nur noch grau in grau sehen, sind wir oft dankbar für eine kleine Aufheiterung. Und die hat uns Casper beschert. Als die unglaubliche Geschichte von der Bus fahrenden Katze weltweit Schlagzeilen machte, geschah etwas Erstaunliches und Wunderbares: Die Menschen öffneten ihr Herz.

Dies ist Caspers Geschichte, doch es ist auch die Geschichte aller, die schon einmal ein Tier geliebt haben. Vielleicht wundern wir uns manchmal selbst, dass wir für diese Wesen, die unser Leben teilen, so viel empfinden, aber ich bin ehrlich davon überzeugt, dass unsere Fähigkeit zu Liebe und Verantwortung gegenüber unseren Mitgeschöpfen etwas ist, auf das wir stolz sein können und das wir uns bewahren sollten. Wenn Casper etwas bewirkt hat, dann, dass er Menschen einander nähergebracht hat – eine bemerkenswerte Leistung für einen kleinen Kater.

Ich muss noch immer weinen, weil Caspers Tod eine so schmerzliche Lücke in meinem Leben hinterlassen hat, doch zugleich muss ich lächeln. Ich hoffe, auch Sie tauchen mit mir ein in das Wechselbad der Gefühle, wenn ich Ihnen nun die unglaubliche Geschichte von Casper, dem Bus fahrenden Kater, erzähle.

Liebe Grüße, Ihre Sue

Casper: Meine Geschichte

Sue hat ganz recht: Dies ist die Geschichte einer Katze namens Casper. Es ist nämlich *meine* Geschichte, und ich freue mich sehr, dass sie erzählt wird, denn ich hatte wirklich ein aufregendes Leben. Während sich viele meiner Mitkatzen nicht vom Grundstück ihrer Besitzer wagen, bin ich schon immer einen Schritt weiter gegangen. Neugier liegt in der Natur der Katze, für mich galt das allerdings in besonderem Maße. Ich konnte gar nicht anders, als über den Zaun zu klettern, über die Mauer zu springen, mit dem Bus zu fahren. Schließlich gab es so viel zu entdecken. Jetzt, im Nachhinein, wünschte ich allerdings, ich wäre nicht ganz so tollkühn gewesen, denn wenn ich an jenem Januarmorgen nicht unbedingt hätte über die Straße laufen wollen, dann wäre ich heute noch immer bei euch und könnte mich an Leckereien laben. Aber ich habe eben meiner Natur gehorcht und meine neun Leben bis zur Neige ausgekostet. Und nun stehe ich im Land hinter der Regenbogenbrücke, im Jenseits der Tiere, und blicke mit einer gewissen Genugtuung auf mein Leben zurück, weil ich Orte erkundet habe, an die sich nur wenige Katzen wagen würden.

Ich hoffe, ihr nehmt es nicht übel, wenn ich euch ein wenig darüber erzähle, wie schwer es mitunter ist, sich als Katze in eurer verrücken Welt zurechtzufinden. Wisst ihr, manchmal amüsieren wir Katzen uns im Stillen, denn auch wenn die Menschen es oft gut meinen, sind sie doch reichlich sonderbar. Ich bin sicher, die meisten von euch versuchen, alles richtig zu machen, aber ihr habt so viele Regeln und Verbote, dass ich mich wundere, wie ihr damit zurechtkommt. Ständig rennt ihr durch die Gegend, immer in Hetze, immer mit Dingen beschäftigt, die mir, offen gestanden, ziemlich unwichtig erscheinen. Doch wenn dann jemand, sagen wir mal eine Katze, versucht, euch ein wenig zu bremsen und euch die schönen Dinge des Lebens zu zeigen, seid ihr meist recht zugänglich. Ihr seid also kein hoffnungsloser Fall. Wie viel leichter wäre euer Leben, wenn ihr euch an uns Katzen ein Beispiel nähmet und versuchtet, die Welt mit unseren Augen zu sehen.

So gern ich auch neue Freunde kennenlernte, auf Entdeckungsreise ging und Abenteuer erlebte - hin und wieder gab es doch Augenblicke, da mir eure Welt reichlich sonderbar vorkam. Das brachte mich auf den Gedanken, einige Regeln für das Zusammenleben von Katze und Mensch aufzustellen.

Daher mein Rat: Wenn ihr euch das nächste Mal fragt, wo euer Katzenkumpel den ganzen Tag war, vergeudet keine Zeit damit, ihm dumme Fragen zu stellen. Selbst wenn wir sprechen könnten - keine Katze, die etwas auf sich hält, würde euch jemals eine Antwort darauf geben. Haltet euch stattdessen lieber an Caspers Regeln, die ich zum allgemeinen Nutzen in diesem Buch festgehalten habe. Meine Zeit auf Erden mag vorüber sein, doch das hindert mich nicht, euch noch ein paar gute Ratschläge zu geben. Ich hoffe nur, ihr beherzigt sie.

Ich hoffe auch, ihr freut euch daran, wenn ich euch von meinem Tun und Treiben auf dieser sonderbaren Welt berichte - von den Vorschriften, die ich zu verstehen (und manchmal zu ignorieren) lernte, und von den diversen Tricks, mit denen ich den Menschen begreiflich machte, wie wichtig es für mich war, meinen täglichen Geschäften so entspannt wie möglich nachzugehen. Auch wenn ich nicht mehr leibhaftig unter euch weile, bin ich doch noch immer in eurer Nähe, um euch zu helfen und euch anzuleiten. Schließlich mag ich euch doch wirklich gern.

Nun also hereinspaziert in meine Welt - mein Frauchen wird euch ein wenig mit ihr vertraut machen.

Casper

1

Wie ich zu Casper kam

Es gab eine Zeit vor Casper, ich kann mich allerdings kaum noch daran erinnern. Wenn ich auf mein Leben zurückblicke, erinnere ich mich an viele Katzen, doch Casper war so außergewöhnlich und unvergesslich, dass meine Erinnerungen zum großen Teil von ihm geprägt sind.

Es wird niemanden überraschen, wenn ich sage, dass ich eine Katzennärrin bin. Bei all den Katzen, die ich im Laufe der Jahre hatte, könnte man glauben, ich müsse den Überblick verloren haben, doch weit gefehlt; ich erinnere mich an jede einzelne, ihren Namen und Charakter.

Denn jede Katze ist ein Individuum – darin unterscheiden sie sich nicht von ihren menschlichen Gefährten –, und sie vergelten uns reichlich die Liebe und Fürsorge, die wir ihnen schenken. Wenn wir traurig sind, kommen sie an und trösten uns. Wenn wir lachen, tauchen sie plötzlich auf, um zu sehen, was da los ist. Wenn wir einmal eine Pause oder ein wenig Ablenkung brauchen, erscheinen sie genau im richtigen Moment und fordern Aufmerksamkeit oder Futter ein. Oft, wenn wir gestresst sind, legen sie ein Spielzeug vor uns hin, fangen an, ihren eigenen Schwanz zu jagen, oder lassen sich auf unserem Schreibtisch nieder. Sie sind die einfühlsamsten Geschöpfe, die man sich vorstellen kann, und wissen stets, was wir gerade benötigen.

Damit will ich nicht sagen, dass sie selbstlos sind – ganz und gar nicht. Wenn Ihre Katze auf Ihre Wünsche eingehen soll, dann sollten Sie zunächst einmal alle ihre Bedürfnisse erfüllen. Mir ist aufgefallen, dass eine Katze, die alles hat, was sie braucht, sehr viel sensibler auf die Stimmungen ihrer Menschen anspricht. Ist diese Vorbedingung erfüllt, wird sie Ihnen der denkbar treueste Freund sein.

Oft, wenn ich eine schlechte Nachricht erhalten hatte oder niedergeschlagen war, saß unversehens eine zufrieden schnurrende Katze neben mir, als wolle sie mir zeigen, dass in der Not stets jemand für mich da sei. Aber auch heitere Stimmung überträgt sich auf die Katzen, und sie zeigen dann ihre Freude, indem sie munter herumtollen.

In all den Jahren haben mir meine Katzen so viel gegeben und mein Leben mit ihren ganz speziellen Wesenszügen und Eigenheiten bereichert. Mit Casper jedoch hatte es eine besondere Bewandtnis. Ich habe jede einzelne der Katzen, die sich im Laufe der Zeit bei mir eingefunden haben, heiß und innig geliebt, aber dieser kleine Bursche hatte etwas an sich, das mir schon bei unserer ersten Begegnung aufgefallen ist und mich noch immer jeden Tag aufs Neue berührt. Vielleicht kommt es wirklich vor, dass zwei Wesen füreinander geschaffen sind. Wir alle hoffen, einen Menschen zu finden, den wir lieben und mit dem wir unser Leben teilen können, und vielleicht gilt das Gleiche auch für Haustiere. Zu ihnen entwickelt sich häufig eine Verbindung, die sich mit Worten nicht beschreiben lässt und mit zum Schönsten gehört, was einem widerfahren kann. Eine solche Verbindung zu einem anderen Lebewesen zu spüren, ist etwas sehr Kostbares, und ich habe diese Erfahrung mit all meinen Katzen gemacht, ganz besonders jedoch mit Casper.

Es war ein ganz gewöhnlicher Tag, als ich ihn abholen ging. Zum Glück besitzt mein Mann Chris eine Engelsgeduld und hat sich längst daran gewöhnt, dass ich hin und wieder ganz spontan beschließe, mir noch eine weitere Katze anzuschaffen; er unterstützt mich sogar, indem er sich ans Steuer setzt und mich chauffiert. Ich bin diejenige, die plötzlich aus dem Bauch heraus die Entscheidung trifft, ein weiteres kleines Fellbündel in unser Haus aufzunehmen. Die praktischen Schritte überlasse ich dann voller Dankbarkeit meinem Mann.

Im Laufe der Zeit habe ich Katzen aller Arten und Altersgruppen ein Zuhause gegeben, doch mit zunehmendem Alter habe ich mich mehr und mehr auf die »Senioren« unter ihnen verlegt. Sie finden sehr viel schwerer ein neues Heim, da die meisten Leute niedliche junge Kätzchen vorziehen. Ältere Katzen haben oft gesundheitliche Probleme, aber es liegt mir einfach am Herzen, den armen Tieren eine Chance zu geben und ihnen einen Lebensabend voller Liebe und Fürsorge zu bereiten. Vielleicht hoffe ich ja insgeheim, dass später einmal jemand für mich dasselbe tun wird.

Ich habe viel mit älteren Menschen und Lernbehinderten im Erwachsenenalter gearbeitet. Sie alle sind Menschen mit besonderen Bedürfnissen, die das gleiche Recht auf respektvolle Behandlung haben wie jeder andere auch. Diese Überzeugung hat meine Weltsicht stark geprägt, und ich möchte dazu beitragen, dass nicht nur Menschen, sondern auch Tiere ihre letzten Jahre in Würde verbringen dürfen.

Auch ich schmelze dahin, wenn mich ein sechs Wochen altes Kätzchen mit großen Augen anschaut, aber ich weiß, dass dieses Kätzchen sehr viel leichter ein Zuhause finden wird als eine zehnjährige Katze mit Arthritis oder eine, die an Krebs leidet und vielleicht nur noch ein Jahr zu leben hat. Indem ich eine dieser Älteren, Gestrandeten aufnehme, versuche ich, ein wenig von dem Unrecht wiedergutzumachen, das ihr in ihrem Leben widerfahren ist. Und wenn ich sie in ihren letzten Tagen mit Liebe und Fürsorge umgebe, dann bereitet das auch mir Freude und Befriedigung. Jede Samtpfote, die über meine Schwelle tritt, bereichert mein Leben auf ihre Weise.

An einem Tag im Dezember 2002 eröffnete ich Chris wieder einmal, es sei an der Zeit, eine neue Katze zu holen. Einen derart verständnisvollen Mann hatte ich nicht immer, und so staune ich jedes Mal wieder, wie bereitwillig Chris auf meine Wünsche eingeht. Auch diesmal hatte er nichts dagegen einzuwenden – und zuckte noch nicht einmal mit der Wimper, als ich ihm vorschlug, doch besser gleich zwei zu nehmen. In den meisten Fällen ist das durchaus ratsam, denn ein Geschwisterpärchen oder zwei Katzen, die sich bereits aus dem Tierheim oder der Pflegestelle kennen, haben auf diese Weise in ihrem neuen Zuhause stets einen Spielgefährten und fühlen sich nicht so allein. In unserem Fall spielte das jedoch keine Rolle, da bereits sechs Katzen bei uns lebten.

Wir wohnten damals in einer hübschen dreistöckigen viktorianischen Villa in Weymouth, Dorset. Es war ein weitläufiges Haus mit einem eingezäunten Garten und einem Keller, wo unternehmungslustigen Kätzchen jede Menge Raum zum Verstecken und Erkunden fanden. Wir ziehen recht häufig um, und ich achte immer darauf, dass das neue Haus katzenfreundlich ist. Dieses entsprach weitgehend unseren Idealvorstellungen, da es den Katzen die Möglichkeit bot, je nach Temperament draußen herumzustreifen oder sich drinnen aufzuhalten, und ich hatte nie das Gefühl, es würde zu eng.

Folglich sah ich kein Problem darin, noch weitere Katzen aufzunehmen. Ich habe gern viele Katzen um mich, denen ich meine Liebe schenken kann – am liebsten hätte ich das ganze Haus voll, aber ich nehme nur dann ein neues Tier auf, wenn ich auch die finanziellen Möglichkeiten habe, es angemessen zu versorgen. Ältere Katzen müssen häufig zum Tierarzt, und die Kosten dafür sollte jeder bedenken, der überlegt, seine Familie um eine Katze zu vergrößern. Liebe ist eine der wichtigsten Voraussetzungen dafür, sich ein Tier anzuschaffen, aber auch Geld spielt eine Rolle. Hätte ich unbegrenzte Mittel zur Verfügung, dann würde die Schar meiner Katzen ins Unendliche wachsen, doch so, wie die Dinge nun einmal liegen, muss ich realistisch sein und daran denken, dass gerade alte, kranke Tiere den Geldbeutel oft sehr strapazieren.

Die älteren Katzen, die ich aufnehme, stammen durchweg aus Tierheimen oder Pflegestellen, hauptsächlich aus denen der Tierschutzorganisation *Cats Protection.* Da ich weiß, wie schwer es ist, ein dauerhaftes Zuhause für Katzensenioren zu finden, nehme ich nach jedem Umzug Kontakt zum örtlichen

Tierschutzverein auf, sodass ich mit den Leuten dort schon bekannt bin, wenn ich wieder einmal den Wunsch nach einer neuen Katze verspüre.

»Also dann, auf geht's, Sue«, rief Chris an dem Morgen, als wir die Katzen aufnehmen wollten. »Mal sehen, was wir diesmal bekommen.« Wir hatten noch keine konkrete Vorstellung, denn ich hatte zuvor nicht mit der Dame von der Katzenpflegestelle gesprochen, und so machten Chris und ich uns völlig unvoreingenommen auf den Weg, nachdem wir unseren Katzen erzählt hatten, dass wir ihnen ein paar neue Spielgefährten mitbringen würden.

Auf den sonntäglich leeren Straßen fuhren wir unserer ersten Begegnung mit Casper entgegen, ohne zu ahnen, welche Wendung unser Leben nehmen sollte. Im Nachhinein frage ich mich, wie mir zumute gewesen wäre, wenn ich gewusst hätte, dass bald eine Katze mein Leben völlig umkrempeln würde. Doch wie so oft vor einschneidenden Veränderungen, war ich völlig ahnungslos und genoss einfach nur die Vorfreude darauf, bald neue Tiere im Haus zu haben.

Die private Pflegestelle, die mit *Cats Protection* zusammenarbeitete, war in einem eindrucksvollen Privathaus aus den 1930er Jahren untergebracht, das sich eine ältere Dame mit achtzehn Katzen teilte. Sie wohnte im ersten Stock, während sich im Erdgeschoss die Katzen tummelten.

Beim Eintreten wurden wir sofort von zahlreichen Tieren umringt, die an uns schnupperten und uns um die Beine strichen. Obgleich die Katzen anscheinend weitgehend sich selbst überlassen waren, wirkten sie glücklich und zufrieden, und es herrschte trotz aller Unterschiede eine friedliche Stimmung. Ich konnte die ganze Zeit über weder Kämpfe noch Fauchen oder sonstige Anfeindungen beobachten, was ich für ein gutes Zeichen ansah. Das Haus bot genügend Platz, dass die Tiere sich auch einmal aus der Gesellschaft ihrer Artgenossen zurükkziehen konnten, wenn ihnen danach war. Angesichts dieser großen Katzenschar fiel es uns nun allerdings schwer, eine Wahl zu treffen. Aber Chris und ich hatten zwei Katzenkörbe mitgebracht, und ich würde unter keinen Umständen mit leeren Händen nach Hause fahren.

Wie die Hausherrin uns mitteilte, war gerade Essenszeit, und so folgten wir ihr in die Küche, wo überall Näpfe aus Edelstahl für Wasser, Fleisch und Trockenfutter standen. In jeden Napf füllte sie genügend Futter für vier Katzen, die sich sofort um den Essplatz drängelten. Wir standen dabei und sahen ihnen zu in der Hoffnung, eine von ihnen würde uns besonders auffallen oder sogar zu uns kommen.

Nach einer Weile stieß mich Chris mit dem Ellenbogen an und deutete mit hochgezogenen Augenbrauen zur Fensterbank. Als ich hinschaute, sah ich einen großen weißen Kater mit schwarzen Flecken und wunderschönen blaugrünen Augen. Die Katzenpflegerin bemerkte unsere Blicke. »Ah, das ist Tuppence«, sagte sie. »Er ist ein ganz lieber Junge, sehr neugierig und freundlich. Er gehörte einem älteren Herrn, der Siamkatzen liebte. Tuppence war der Einzige, der nicht dieser Rasse angehörte, aber seinen Augen nach zu urteilen scheint er doch ein wenig von einem Siamesen zu haben. Er wäre genau der Richtige für Sie.« Das fanden wir auch. Mir gefiel es, wie er alles um sich herum beobachtete und in Ruhe abwartete, bis die Lage sich beruhigt hatte. Er erschien mir ideal, aber welchen sollten wir dazunehmen?

»Wissen Sie, er hat einen Freund«, sagte die Dame, als wir Tuppence hochhoben und in den Korb setzten. »Komm schon, Morse, wo steckst du?« Sie sah sich suchend unter den Katzen um, die die Arbeitsplatten bevölkerten.

»Morse?«, wiederholte ich fragend.

Lachend erklärte sie mir, der Bursche sei eines Abends zu ihr gekommen, als gerade eine Folge von *Inspektor Morse* im Fernsehen lief. Das brachte sie auf die Idee, ihn Morse zu nennen. Mir missfiel der Name von Anfang an, und als sie uns den prächtigen schwarz-weißen Langhaarkater zeigte, stand für mich fest, dass er einen neuen Namen brauchte – und ebenso sicher wusste ich, dass er der Richtige für mich war. Wenn Sie sich jemals ein Haustier ausgesucht haben, werden Sie wissen, dass es Tiere gibt, mit denen man sich auf Anhieb verbunden fühlt. Dieses Gefühl hatte ich beim Anblick von »Morse«. Ich sah Chris an.

»Was meinst du?«, fragte ich ihn.

»Das überlasse ich dir«, erwiderte er. »Aber er ist wirklich ein bildschöner Kater.«

Ich ging hin und streichelte den Kater, worauf er zu schnurren begann. »Hallo, mein Schatz«, flüsterte ich. »Würdest du gern mit uns kommen?« Als ich ihn auf den Arm nahm und zum zweiten Katzenkorb trug, schmiegte er den Kopf an meine Schulter. Aber der Korb war schon besetzt.

»He, Georgina, komm raus«, lockte die Dame des Hauses. »Da drin hast du nichts zu suchen. Du bleibst hier bei mir.« Mir wurde das Herz schwer. Das arme kleine Ding war von sich aus in den Korb gestiegen; offenbar dachte es, wir würden es mit nach Hause nehmen.

»Tuppence und Morse sind ein perfektes Team«, versicherte die Dame. »Morse ist schon seit zehn Monaten hier. Ich verstehe gar nicht, weshalb ihn noch niemand mitgenommen hat. Er ist so ein reizender Kater, und viele Leute waren schon drauf und dran, sich für ihn zu entscheiden. Aber im letzten Augenblick haben sie es sich immer anders überlegt.«

Ich konnte den Blick noch immer nicht von Georgina in dem Korb abwenden, aber während ich der Katzendame zuhörte, drängte sich mir das Gefühl auf, dass Morse auf uns gewartet hatte. Als wir mit ihm und Tuppence hinausgingen, hatte ich große Gewissensbisse wegen der Katze, die wir zurükließen. Es tut mir noch heute leid, dass wir sie nicht mitgenommen haben, aber schon damals war mir klar, dass die beiden Burschen, für die wir uns entschieden hatten, wie für uns geschaffen waren.

Als wir zu Hause die Katzen aus den Körben ließen, rannten sie sofort die Treppe hinauf. Den Tag über wirkte Tuppence furchtbar nervös, auch wenn er sich zugleich offensichtlich nach Streicheleinheiten sehnte.

Morse dagegen konnte sich förmlich unsichtbar machen. So sehr ich ihn auch lockte, er wollte einfach nicht unter dem Bett hervorkommen. Ich bot ihm Futter an, rief seinen Namen, schnalzte mit der Zunge. Ich erzählte ihm, die anderen Katzen könnten es nicht erwarten, ihn kennenzulernen, doch es half alles nichts. Wann immer er sich ein kleines Stückchen unter dem Bett hervorwagte, bemerkte er mich sofort und zog sich blitzschnell wieder zurück.

»Der ist ganz schön flink, wie? Es sieht aus, als würde er sich in Luft auflösen«, bemerkte Chris, als wir nach einem weiteren vergeblichen Lockversuch die Treppe hinunterstiegen.

Chris hatte recht. Ich sehnte mich so sehr danach, diesen Kater in den Arm zu nehmen, aber er ließ mich zappeln. Plötzlich kam mir eine Idee. »Jetzt weiß ich, wie wir ihn nennen, Chris!«, rief ich. »Casper – wie das Gespenst im Film!« Ich ging wieder nach oben, kauerte mich zum letzten Mal an diesem Abend auf den Fußboden und blickte in zwei große, glänzende Augen.

»Hallo Casper«, flüsterte ich zärtlich. »Willkommen zu Hause.«

2

Casper: Wie ich zu meinem Frauchen kam

Menschen wollen immer das Sagen haben. Sie bilden sich gern ein, dass sie alles entscheiden - lustig, dabei weiß doch jede Katze, dass *wir* die Herren im Haus sind. Doch da ich Menschen sehr mag, lasse ich sie in dem Glauben und betrachte ihren Drang, alles im Griff zu haben, als eine ihrer vielen kleinen Marotten.

Als Sue und Chris damals im Dezember 2002 in das Haus kamen, wo ich lebte, war ich mir anfangs nicht sicher, ob meine Wahl auf sie fallen würde. Sie dagegen glaubten, sie könnten sich »ihre« Katze ganz nach Belieben aussuchen. Schon ulkig, auf was für Ideen Menschen kommen!

Meine damalige Bleibe war behaglich und sicher. Das große Haus bot mir und meinen vielen Mitkatzen jede Menge Platz, und wir lebten einträchtig miteinander. Wir wohnten im Erdgeschoss, während sich der Mensch oben aufhielt, wo es nichts Interessantes gab. Die Dame, die sich für die Chefin hielt, war schon ein wenig sonderbar. Obwohl es reichlich Platz und viele Zimmer gab, stellte sie uns viel zu wenige Futternäpfe hin, sodass wir zu viert aus einem Schälchen essen mussten! Da wir uns ja leider keine weiteren Näpfe aus dem Schrank holen konnten, ließen wir uns gnädig dazu herab, doch ich finde, es ist ein gutes Beispiel dafür, wie seltsam sich Menschen zuweilen benehmen. Oder möchtet ihr etwa beim Frühstück, Mittagessen und Abendbrot euren Teller mit Leuten teilen, die ihr erst kürzlich kennengelernt habt? Ich glaube kaum. Zum Glück können wir Katzen sehr anpassungsfähig sein - wenn wir wollen.

Außerdem haben Menschen die Angewohnheit, ständig auf uns einzureden. Glaubt ihr ernsthaft, wir könnten euer komisches Gebrabbel verstehen? Wie auch immer, jedenfalls konnten wir den Selbstgesprächen, die unsere Dosenöffnerin schon seit dem frühen Morgen führte, entnehmen, dass am selben Tag zwei Menschen namens »Sue« und »Chris« kommen würden, die vielleicht jemanden von uns adoptieren wollten.

Ich lebte schon eine Weile in diesem Haus und fühlte mich dort auch recht wohl. Ich hatte ein paar gute Freunde gefunden, besonders einen netten Burschen namens Tuppence, und nie Lust verspürt, mit den Leuten zu gehen, die kamen, um sich eine Katze zu holen. Doch die Zeiten ändern sich, und allmählich begann ich, mich nach einem kleineren Haus zu sehnen, wo ich mein eigenes Schüsselchen und Körbchen hätte und mir alles nach meinen Wünschen einrichten könnte.

Als Sue und Chris kamen, liefen die meisten meiner Mitbewohner hin, um sie zu beäugen und sich ein wenig in Szene zu setzen. Dagegen war ja nichts einzuwenden, doch da ich von Natur aus freundlich und liebenswürdig bin (wenn mir danach ist), sah ich keinen Grund, bei diesem Schaulaufen mitzumachen. Also hielt ich mich zurück und beobachtete, wie die Menschen reagierten.

Die Frau schien das Sagen zu haben, ich stellte aber zu meiner Freude fest, dass beide sehr nett und liebevoll mit allen meinen Freunden umgingen. Zufrieden beobachtete ich sie, lauschte auf ihr Geplapper und dachte mir, dass ich gut mit ihnen zurechtkommen würde. Allerdings gab es da ein Problem: Ich hing sehr an Tuppence und wollte ungern ohne ihn umziehen.

Zum Glück zeigte sich Tuppence von seiner besten Seite. Die Menschen unterhielten sich über sein Aussehen und Verhalten, und alles lief ganz wunderbar. Die Dame des Hauses erzählte ihnen, dass Tuppence einen Freund habe - meine Wenigkeit. Auf dieses Stichwort verließ ich meinen Futternapf, rekelte mich und fing an, mich zu putzen.

Ich muss gestehen, dass ich mich nicht allzu häufig mit der Putzerei abgebe - kaum bin ich damit fertig, könnte ich schon wieder von vorn anfangen. Deshalb scheint es mir sinnvoller zu warten, bis es unbedingt sein muss. Doch da ich weiß, dass Menschen sehr viel Wert auf reinliche Katzen legen (obwohl sie selbst sich anscheinend nie putzen), hielt ich es für klug, ihnen den Gefallen zu tun.

Ich gab mir also alle Mühe, um mit Tuppence gehen zu können. Außerdem sprach es für Sue, dass ihr der Name, den man mir gegeben hatte, offensichtlich nicht gefiel. Aus irgendwelchen Gründen - es hatte etwas mit den Flackerbildern in der großen schwarzen Kiste zu tun, auf die die Menschen stundenlang starren - wurde ich *Morse* genannt. Dieser Name passte nicht besonders gut zu mir, und ich freute mich, dass Sue es auch so sah. Das war ein gutes Zeichen.

Sie steckten Tuppence in einen der Körbe, scheuchten eine meiner Freundinnen kurzerhand aus dem anderen und setzten mich hinein. Dann ging es los. Ich hatte das Gefühl, eine gute Wahl getroffen zu haben.

Ich kam in ein warmes, einladendes Haus, und mein neues Frauchen gab sich alle Mühe, damit ich es so behaglich wie möglich hätte. Tuppence gewöhnte sich rasch ein, ich jedoch staunte erst einmal darüber, dass es hier bei Sue genauso viele Katzen gab wie in meinem vorigen Zuhause - zumindest kam es mir so vor. Die Gerüche und Geräusche in einem unbekannten Haus können wirklich beängstigend sein, und so rannte ich schnurstracks nach oben und verkroch mich im erstbesten Zimmer unter dem Bett. Dort beschloss ich zu bleiben, bis ich mich ein wenig sicherer fühlte.

Meine beiden neuen Menschen waren schrecklich lieb, brachten mir Leckerchen und versuchten, mich hervorzulokken, doch ich ließ mir mit der Entscheidung Zeit. Wenn dies mein neues Zuhause war, wollte ich gleich zu Beginn einiges klarstellen.

Mein Frauchen kam stündlich und tat alles, damit ich mich wohlfühlte. Mein erster Eindruck schien zuzutreffen: Sie war tatsächlich ein sehr netter Mensch. Sie brachte mir ein paar wirklich verlockende Leckerbissen, und angesichts ihrer Freundlichkeit wurde ich allmählich weich. Als sie mich bei meinem neuen Namen rief, entschloss ich mich endgültig, unter dem Bett hervorzukommen. Offenbar gehörte ich hierher.

Casper ... das war ich!

3

Unsere Familie

Einen neuen Namen hatte Casper nun, doch von seinem neuen Zuhause schien er nicht sonderlich begeistert. Er war in ein Haus voller Katzen gekommen, die auf unterschiedlichen Wegen zu uns gelangt waren und von denen jede ihre eigene Vorgeschichte hatte. Das konnte Casper allerdings nicht wissen, solange er sich unter dem Bett versteckt hielt. Ich hoffte jedoch, er würde sich bald herauswagen, um seine neue Familie kennenzulernen.

Damals arbeitete ich in einem Zentrum für lernbehinderte Erwachsene in Weymouth. Bill, ein Kollege, hatte einige Jahre zuvor ein Tierheim für die örtlichen Katzen eröffnet. Eines Morgens erzählte er mir, dass am nächsten Tag eine Anzeige für eine seiner Katzen, einen betagten schwarzen Kater, in der Zeitung erscheinen würde. Bill hoffte, ihn gut vermitteln zu können, weil er ein so unkomplizierter, kuscheliger Schatz sei, der seinem neuen Besitzer bestimmt Freude machen würde.

Mein Mann Chris ist Fernfahrer und war an jenem Tag gerade auf Tour. Als er mich abends anrief, berichtete ich ihm voller Begeisterung von Bills Kater. Ich hatte noch nicht ausgeredet, da sagte er nur: »Wenn du ihn haben willst, dann hol ihn dir, Sue.«

Ich freute mich ungemein und bat Bill am nächsten Morgen ganz aufgeregt: »Bitte, bitte, kann ich den Kater haben, von dem du gestern erzählt hast?«

Er lachte. »Hättest du das eher gesagt, dann hätte ich mir das Geld für die Anzeige sparen können! Ich wäre überglücklich, wenn du ihn nehmen würdest, und ich bräuchte dann ja nicht mal eine Vorkontrolle zu machen.«

Wir vereinbarten, dass Bill mir den Kater abends bringen sollte. Ich wusste auch schon, wie ich ihn nennen wollte: Jack, wie Jack Daniels. Zu der Zeit hatten alle unsere Katzen »alkoholische« Namen. Das wirft ein etwas schiefes Licht auf uns beide, dabei sind wir in Wirklichkeit gar keine Schnapsdrosseln; ich fand es einfach hübsch, wenn die Namen zueinander passen. Wie jedes Mal wartete ich aufgeregt auf die neue Katze. Wenn ein neues Familienmitglied eintrifft, dann ist das für mich ebenso aufregend wie für andere die Ankunft eines Babys. Zwar stand bereits fest, wie der Kater heißen sollte, aber ich war sehr gespannt, wie er war und ob er sich gut mit den anderen vertragen würde.

Als Bill ihn hereinbrachte, staunte ich, wie schön dieser Kater war, doch als Bill ihn auf dem Boden absetzte, bemerkte ich, dass er einen seltsamen Gang hatte – seine Hinterbeine schienen ihm nicht recht zu gehorchen. Häufig fiel er beim Laufen sogar um. Der Tierarzt, der Bills Tierheim betreute, hatte gesagt, es sei Arthritis, doch für mich sah es nicht danach aus. Ich hatte schon Katzen mit diesem Leiden gehabt, und das hier schien etwas anderes zu sein.

Jack gewöhnte sich sehr gut ein, und es dauerte nicht lange, da kam es uns vor, als sei er schon immer bei uns gewesen. Er war ein gutartiges Tier und bereitete uns keine Probleme. Alle Besucher waren begeistert von ihm, aber niemand hatte eine Erklärung für seinen seltsamen Gang. Die Sache blieb ein Rätsel, bis eines Tages unser Freund Peter zum Kaffee kam.

Peter, der Jack zum ersten Mal sah, beobachtete seinen wakkeligen Gang eine Weile lang, dann sagte er: »Das ist Edmund.«

»Wie bitte?«, fragte ich.

»Ich kenne diesen Kater. Er heißt Edmund«, erklärte Peter. Ich sah ihn spöttisch an. Woher sollte er meine Katze kennen?

»Na ja, in Weymouth gibt es doch wohl nicht viele Katzen, die beim Laufen alle zwei Minuten umfallen, oder?«, entgegnete er.

Mir sank das Herz. Wenn Peter ihn kannte, dann war er kein Streuner gewesen, als Bill ihn auflas – er gehörte jemandem. Und das bedeutete, ich musste ihn wieder hergeben. Das ist immer meine Sorge, wenn ich eine Katze aus dem Tierschutz aufnehme: Vielleicht ist sie ja gar nicht heimatlos, sondern nur weggelaufen, und falls die Besitzer sich melden, bleibt mir nichts anderes übrig, als sie zurückzugeben. Ich würde niemals wissentlich eine Katze ihren rechtmäßigen Eigentümern vorenthalten, ganz gleich, wie sehr ich an ihr hänge. Das sagte ich auch zu Peter, der mich jedoch sofort beruhigen konnte.

»Nein, Sue, was das angeht, brauchst du dir keine Gedanken zu machen. Ich freue mich ungeheuer, dass du ihn aufgenommen hast. Er gehörte George und Hilary, zwei Bekannten von mir. Ihre Ehe stand von Anfang an unter keinem guten Stern. Am Ende wurde der arme Edmund, oder Jack, zum Scheidungsopfer.«

Wie Peter mir weiter berichtete, fühlte sich George, nachdem Hilary ihn verlassen hatte, nicht mehr in der Lage, für den Kater zu sorgen, der daraufhin im Tierheim landete. Hilary wohnte inzwischen wieder in der Gegend, und so konnte Peter sie kontaktieren und ihr mitteilen, dass Edmund/Jack bei uns lebte. Würde sie ihn wiederhaben wollen und ihm ein dauerhaftes Zuhause bieten können, dann müsste ich ihn hergeben.

Mit Herzklopfen wartete ich auf Peters Nachricht. Er wollte versuchen, so rasch wie möglich Kontakt zu Hilary aufzunehmen, doch die Tage vergingen, und ich machte mich ganz verrückt mit dem Gedanken, dies könnte mein letzter Tag mit Jack sein.

Endlich meldete sich Peter. Er hatte Hilary erzählt, dass Chris und ich ihren Kater aufgenommen hatten und ihn sehr liebten. Sie war ganz begeistert über die Nachricht – sie hatte sich die ganze Zeit Sorgen um den Kater gemacht und überließ ihn uns nur zu gern, da sie selbst nicht für ihn sorgen konnte.

Ich hätte beinahe Freudensprünge gemacht, als mir klar wurde, dass Jack bei uns bleiben durfte. Peter berichtete Hilary regelmäßig, wie es dem Kater ging, und so war es ein Happy End für alle Beteiligten.

Jack, der bald ganz und gar zur Familie gehörte, erwies sich als verschmuster alter Knabe, dessen Lieblingsbeschäftigung es war, sich bürsten zu lassen, und ich tat ihm den Gefallen gern und oft. Als er am Ende zusehends abbaute, bemühte ich mich, ihn so zu behandeln, wie ich es für mich selbst gewünscht hätte. Ich legte mich zu ihm auf den Fußboden, sagte immer wieder seinen Namen und versicherte ihm, bald werde alles wieder gut und wir hätten ihn lieb. Nun, das mit der Liebe stimmte zwar, aber das Übrige waren leere Versprechungen – er war so krank, dass ganz gewiss nicht alles wieder gut werden würde. Doch schließlich geht es nicht so sehr um den Inhalt der Worte; es schien ihn zu trösten, wenn ich neben ihm auf dem Boden lag und ihm sanft zuredete. Nach einer Weile wurde Jack ruhiger. Ich flüsterte ihm zu, er sei ein guter Junge, und ich sei stolz auf ihn, doch ich wusste, dass seine Zeit abgelaufen war. Bis zu seinem Tod hatte ich ihn durch so viele Krisen hindurch begleitet, dass es mir ein Trost war, als er endlich seinen Frieden fand.

Als Casper zu uns kam, gehörte Jack bereits fest zur Familie. Er hatte sich leicht eingefügt, ganz im Gegensatz zu dem Neuankömmling, der sich in der ersten Zeit als äußerst stur erwies. Seinem Starrsinn konnte auf Dauer niemand etwas entgegensetzen.

Damals lebte bei uns auch Oscar, ein hübscher Roter. Nicht wir hatten uns Oscar ausgesucht, sondern er hatte eines Tages beschlossen, bei uns einzuziehen. Als wir noch in einem anderen Haus in Weymouth wohnten, hatte er sein Zuhause ein Stück entfernt in derselben Straße, doch bereits kurz nach unserem Einzug nahm er bei uns Quartier. Ich hatte schon oft von solchen Fällen gehört – anscheinend lassen sich manche Katzen ihr Zuhause einfach nicht vorschreiben. Bei Tieren, die misshandelt oder vernachlässigt werden, ist es verständlich, wenn sie sich ein angenehmeres Plätzchen suchen, doch soweit ich wusste, hatte Oscar ein anständiges Zuhause. Er wollte sich einfach mal verändern.

Ich hatte einmal eine Bekannte, die sich jahrelang ganz reizend um ihren Kater kümmerte. Doch als nebenan eine neue Familie eingezogen war, verbrachte er keine Nacht mehr unter ihrem Dach. Tagsüber saß er im Nachbarsgarten oder auf der Mauer und schaute sein früheres Frauchen an, als hätte er sich noch schwach an sie erinnern können, wenn er sich denn die Mühe gemacht hätte. Sie hatte so viel für diesen Kater getan, aber er zog die anderen Leute vor. Den neuen Nachbarn war die Situation schrecklich peinlich, doch da meine Bekannte wusste, dass sie sich gut um den Kater kümmerten, machte sie sich keine Sorgen mehr um ihn, auch wenn sein treuloses Verhalten sie ein wenig kränkte. Sie sagte einmal zu mir, es komme ihr vor, als habe er nur übergangsweise bei ihr gelebt und dabei die ganze Zeit auf seine neue Familie gewartet. Katzen können schon sonderbar sein!

Mein Oscar war ein sehr anhängliches Tier, das die Nähe von Menschen und Artgenossen gleichermaßen suchte. Allerdings markierte er sehr viel, sodass ich überlegte, ob ihn irgendetwas belastete. Es ist frustrierend, dass man nie weiß, was im Kopf einer Katze vorgeht und ob die Gründe für ihr gegenwärtiges Verhalten vielleicht in ihrer Vergangenheit liegen. Wenn sie doch nur reden könnten!

Außer Oscar und Jack gab es noch weitere Katzen, an die sich Casper gewöhnen musste. Da waren noch KP und Peanut, die eigentlich meinem Sohn gehört hatten. Als er schon in jungen Jahren Witwer wurde und ihm alles über den Kopf wuchs, nahm ich ihm die Sorge um die beiden Katzenschwestern gern ab. Einer der Gründe, warum es ihm zu viel wurde, war, dass KP Probleme mit der Schilddrüse hatte und täglich Medikamente benötigte, um ein beschwerdefreies Leben zu führen. Sie war ein ruhiges, zurückhaltendes kleines Ding, ebenso wie ihre Schwester, die neuerdings die gleichen gesundheitlichen Probleme zeigt. Eine Zeit lang kümmerten sich KP und Peanut nicht sonderlich um Caspar, da sie ja einander zur Gesellschaft hatten. Doch als KP leider nach einigen Jahren starb, freundeten sich Peanut und Casper an.

Clyde, ein sanfter Riese von einem Kater, der mehr als sechs Kilo wog, war zu jedem freundlich. Er war der Einzige, der sich in KPs und Peanuts' Zweisamkeit hineindrängte. Clydes größte Wonne war es, sich den Bauch bürsten zu lassen, und er wälzte sich schon auf den Rücken, sobald man nur in die Nähe der Bürste kam, sodass man sich geradezu verpflichtet fühlte, seinen Wunsch zu erfüllen. Außerdem liebte er es, sich von anderen Katzen das Gesicht ablecken zu lassen, und meistens war es KP, die ihn putzte.

Eigentlich kein Wunder, dass es so lange dauerte, bis Casper sein Versteck verließ; er muss sich gefragt haben, in was für eine verrückte Katzenwelt er da hineingeraten war. Vielleicht hatte er ein ruhiges neues Zuhause erwartet, nur mit Tuppence als Gesellschaft. Stattdessen fand er sich an einen Ort versetzt, an dem es von Katzen nur so wimmelte, und so ließ er uns eine ganze Weile schmoren, bis er uns zeigte, dass er wirklich zu Hause angekommen war.

In der Katzenfamilie, zu der Casper von nun an gehörte, gab es ein paar reichlich ungezogene Exemplare, allen voran die freche Whisky. Sie war noch nicht lange bei uns, als die Dummheiten losgingen. Als sie etwa vier Monate alt war, stellten wir im Wohnzimmer einen großen Weihnachtsbaum auf und behängten seine kräftigen Zweige mit Kugeln. Eines Tages, als ich wie immer von der Arbeit kam, lag der Baum auf dem Boden, um ihn herum der sämtliche Schmuck und unzählige Tannennadeln. Daneben saß ein kleines, flauschiges, unschuldig dreinblickendes Etwas – Whisky. Beim Näherkommen bemerkte ich, dass ihre Wange eigenartig ausgebeult war, und entdeckte bei genauerem Hinsehen das grüne Kabel, das ihr aus dem Mund hing – Whisky, dieser kleine Katzenengel, hatte eine Christbaumkerze im Maul. Gott sei Dank hatte ich den Stekker der Lichterkette herausgezogen, bevor ich ging. Von da an hatten wir nur noch künstliche Weihnachtsbäume, aber unsere Katzen ließen sich noch genug andere Streiche einfallen.

4

Sues Geschichte

Ich war schon immer ein Katzenliebhaber. Oft sind es erschütternde Lebenserfahrungen, die einen Menschen noch stärker mit anderen Lebewesen verbinden, und bei mir war es ein besonders trauriges Erlebnis, das mein Verhältnis zu Tieren so innig werden ließ.

Als kleines Mädchen lebte ich im Nahen Osten, wo mein Vater als Elektroingenieur in einer Ölraffinerie arbeitete. In den 1940er- und 50er-Jahren zogen viele Briten aus beruflichen Gründen dorthin. Mein Vater ging fort, als ich fünf Jahre alt war. Die Firmenpolitik verlangte, dass die Männer zunächst für einige Jahre im Ausland Fuß fassten, bevor sie die Kosten und Mühen auf sich nahmen, ihre Familien nachkommen zu lassen. Daher blieb ich mit meiner Mutter und meiner jüngeren Schwester Lesley in Großbritannien.

Doch in Abwesenheit meines Vaters erkrankte Lesley an Krebs. Ich begriff nur, dass sie krank und meine Mutter darüber sehr bekümmert war. Damals sprach man mit Kindern nicht viel über solche Dinge – man versuchte, sie herauszuhalten, vielleicht, um sie zu schützen. Wie auch immer, jedenfalls hatte Lesleys Krankheit Auswirkungen auf uns alle. Abgesehen von dem furchtbaren Schlag, den ihr Tod uns versetzte, gab es auch ganz praktische Folgen. Die Firma, für die mein Vater arbeitete, machte eine Ausnahme und erlaubte, dass wir ihm früher als geplant folgen durften.

Ich war mittlerweile acht und hatte zu der Zeit keine weiteren Geschwister. Eine Zeit lang glaubte ich, ich hätte den Verlust von Lesley einigermaßen unbeschadet verkraftet, doch heute weiß ich, dass das nicht stimmte. Was einem in der Kindheit widerfährt, wirkt sich nachhaltig auf das ganze weitere Leben aus. So waren meine frühen Jahre geprägt durch Lesleys schreckliches Leiden und ihren tragischen Tod, durch die Abwesenheit meines Vaters und die Anstrengungen meiner Mutter, Lesley zu pflegen und sich zudem ganz allein um alles andere kümmern zu müssen, und zwar unter den denkbar ungünstigsten Bedingungen.

Nach Lesleys Tod hatten wir das Gefühl, noch einmal ganz von vorn anzufangen, und so packten meine Mutter und ich unsere Koffer, um nach Bahrain zu übersiedeln. Etwas jedoch blieb uns erhalten: Wir nahmen unseren Kater Blackie mit. Eigentlich gehörte er meiner Mutter, und ich weiß noch, wie sie ihm während Lesleys Krankheit immer wieder ihr Herz ausschüttete. Ich kann mich gut an ihn erinnern; ich nahm ihn immer mit in mein Zimmer, um mit ihm zu schmusen, doch er lauschte ständig auf meine Mutter und lief sofort zu ihr, wenn sie ihn rief. Schon damals erkannte ich, dass Tiere einen sechsten Sinn dafür besitzen, wann und wie sie einem Menschen helfen können, der sie braucht.

Ich konnte auch beobachten, wie einfühlsam sich Blackie Lesley gegenüber verhielt. Kurz vor ihrem Tod ging es ihr sehr schlecht, was der Kater zu spüren schien. Er blieb ständig in ihrer Nähe und war an ihrer Seite, sooft sie den kraftlosen Versuch machte, ihn zu streicheln. Ich erlebte hautnah mit, welche Bindung zwischen einem Menschen und einem Tier entstehen kann. Meine Mutter war wirklich auf Blackie angewiesen – vermutlich bedeutete er für sie ein Stück Normalität. Heute, im reifen Alter, sehe ich die Dinge vielleicht klarer, aber schon als Kind wusste ich, dass es da etwas Besonderes gab, und das vergaß ich nie. Meine Mutter ist schon seit einigen Jahren tot, und ich habe selbst Kinder und Enkel, doch was ich damals mit Blackie erlebte, hat sich mir bis heute eingeprägt.

Wir zogen nach Awali, eine Gemeinde im Königreich Bahrain, in eine Art Zeltstadt, umgeben von einem drei Meter hohen Zaun, der die wilden Hunde fernhalten sollte. Dort lebten zahlreiche weitere Familien, überwiegend Amerikaner, Briten und Australier, sodass ich immer genügend Spielkameraden hatte. Es dauerte Wochen, bis man sich an die entsetzlich trokkene Hitze gewöhnt hatte, doch dann war es völlig normal, bei fast vierzig Grad im Schatten mit Dutzenden von Kindern Cowboy und Indianer zu spielen.

Es war eine seltsame Zeit, auch wenn mir das damals vielleicht nicht bewusst wurde. Mein Vater hatte sich in den Kopf gesetzt, uns einen Rasen anzulegen, obwohl wir mitten in der Wüste lebten. Jeden Tag fuhr er an den Strand und brachte einige Büschel Gras mit. Natürlich war es Strandgras, nicht die saftigen grünen Halme, die wir aus England gewohnt waren. Er grub kleine Löcher in unserem Garten, setzte das Strandgras ein und bewässerte es gewissenhaft. Jeden Tag holte er mehr, und jeden Tag behauptete er, sein »Rasen« mache Fortschritte. Erstaunlicherweise brachte er tatsächlich etwas Ähnliches wie einen Rasen zustande, und alle Leute nannten es auch so.

Während meiner ersten Zeit in Awali besuchte ich eine Schule, die von Amerikanern geleitet wurde, doch dort wurden nur Kinder bis zum elften Lebensjahr unterrichtet. In der Rükkschau wundere ich mich, dass ich nichts von den Diskussionen über mich mitbekam, aber schließlich teilte man mir ohne Vorwarnung mit, dass ich allein nach Großbritannien zurükkkehren und in Guildford auf ein Internat gehen sollte. Es war ein gewaltiger Schock. Meine Schwester war tot, meine Mutter trauerte noch immer, und nun schickte man mich zurück in das Land, das für mich mit Krankheit und Leid verbunden war. Die Ferien verbrachte ich bei meinen Großeltern, dennoch fühlte ich mich unglaublich einsam, wenn ich daran dachte, dass meine Familie tausende Kilometer weit weg war und man von mir erwartete, mich wie eine Erwachsene zu benehmen.

Ein paarmal fuhr ich in den Sommerferien nach Awali, doch der Flug war sehr teuer, und ich nehme an, meine Eltern wollten neben meiner teuren Ausbildung nicht auch noch diese Kosten auf sich nehmen.

Ich erinnere mich, dass ich einmal allein vom Londoner Flughafen aus abreiste, mit einer riesigen Maschine der damaligen Fluggesellschaft BOAC. Aus irgendeinem Grund kam mein Foto in die Zeitung; heute erscheint es mir seltsam, denn ich bin darauf noch in Schuluniform. Von der Reise selbst weiß ich nur noch, dass wir zum Auftanken in Rom zwischenlandeten und ich auf dem Flughafen zur Toilette musste. Dort entdeckte ich ein winziges grau-weißes Kätzchen. Ich legte mich in dem fremden Land in einer Toilette, die noch im Rohbau war, auf den schmutzigen und staubigen Boden und spielte mit dem kleinen Ding, bis mir schließlich ins Bewusstsein drang, dass jemand immer wieder meinen Namen rief. Es war die Stimme einer Dame, die hektisch aus dem Lautsprecher rief, dass das Flugzeug noch auf einen einzigen Passagier wartete und ich *bitte AUF DER STELLE erscheinen sollte!*

Ich fühlte mich entsetzlich einsam. Meine Großeltern, die Holländer waren, taten alles, um mir in den Ferien ein normales Zuhause zu bieten. Sie waren wirklich nett, aber ich sehnte den Tag herbei, an dem ich wieder eine richtige Familie haben würde – eine Familie, zu der auch Katzen gehörten.

Ich absolvierte das Internat, ohne mich schulisch besonders hervorzutun, und nahm schließlich einen Job in einem Reisebüro an. Allerdings war die Arbeit dort längst nicht so interessant wie erhofft. Ich hatte mir ausgemalt, wie ich exotische Fernreisen für die Kunden zusammenstellte, stattdessen kochte ich im Hinterzimmer für die Kollegen Tee. Ich kündigte bald wieder und suchte mir in Walton-on-Thames eine Stelle als Schaufensterdekorateurin in einem Geschäft für festliche Damenbekleidung. Die Arbeit machte mir Spaß, bis ein Bursche, der auf der anderen Straßenseite arbeitete, anfing, mich zu nekken. Als ich ihn nicht weiter beachtete, stiftete er seine Freunde an mitzumachen. Plötzlich bemerkte ich naives Mädchen peinlich berührt, dass all die Schaufensterpuppen, zwischen denen ich stand, nackt waren. Ich wäre am liebsten im Boden versunken, doch stattdessen heiratete ich den dreisten Kerl.

Bis dahin hatte ich schon einiges erlebt, aber ich hatte eine feste Vorstellung davon, wie das Eheleben aussehen sollte. Ich schwor mir, eine wunderbare Ehefrau und Mutter zu werden, und träumte von perfekten Kindern, einem hübschen Haus und, als Tüpfelchen auf dem i, einem schnuckligen Kätzchen. Stundenlang hing ich meinen Tagträumen von einem idyllischen Leben nach, und Tiere spielten darin eine wichtige Rolle. Leider sollte es nicht sein. Die Ehe war nie wirklich glücklich, doch ich will mich nicht beklagen, denn schließlich gingen aus ihr drei wunderbare Kinder hervor. Als mein Mann und ich uns schließlich trennten, wurde mir klar, dass es an der Zeit war, mein Leben selbst in die Hand zu nehmen und mir den Traum von einem Familienleben anderweitig zu erfüllen.

5

Ein Fall von Liebe

1975, zwei Jahre nach unserer Trennung, wurden wir geschieden, aber bereits lange vorher hatte ich mir eine Katze angeschafft. Mein erster Kater hieß Snowy und war – naheliegenderweise – schneeweiß. Zu Beginn konnte man ihn nicht gerade als hübsch bezeichnen, und er war alles andere als verschmust. Snowy raste wie besessen durch die Gegend und benutzte mit Vorliebe meinen Gummibaum als Katzentoilette. Er war wirklich ein Zerstörer, doch der Gummibaum überlebte es nicht nur, sondern gedieh so prächtig, dass ich ihn immer wieder zurückschneiden musste. Also konnte ich es Snowy nicht übelnehmen. Vielleicht verstehen Katzen ja mehr von Zimmerpflanzen, als wir ahnen. Nachdem ich ihn kastrieren ließ, wurde Snowy ein wenig ruhiger und sehr anhänglich, und die guten, regelmäßigen Mahlzeiten sorgten dafür, dass er sich zu einer wahren Schönheit mauserte.

Einmal, als meine Tochter Kim noch sehr klein war, malte sie Snowy mit bunten Filzstiften an. Da ich nicht wusste, ob ihm das schaden konnte, ging ich ein wenig verlegen mit dem armen Kater zum Tierarzt, der mir belustigt riet, einfach abzuwarten, bis die Farbe von selbst ausblich. Es schien Snowy auch nicht im Geringsten zu stören, dass Kim ihm ihre Puppenkleider anzog; er hatte mittlerweile einen wirklich sanften und friedfertigen Charakter entwickelt.

Seither habe ich noch schlimmere Geschichten gehört von kleinen Mädchen, die ihre Katze mit Make-up verschönerten. Eines wollte sogar das Glätteisen seiner Mutter an ihrer Katze ausprobieren, wusste jedoch zum Glück nicht, wie man es einschaltete. Verglichen damit war Kim ja noch harmlos. Ich mache mir wirklich Sorgen, wenn ich höre, was manche Kinder mit ihren Haustieren anstellen, aber seltsamerweise laufen viele Katzen nicht einmal weg, sondern bleiben einfach liegen und lassen alles über sich ergehen.

Ich bemühte mich nach Kräften, mir und meinen Kindern ein neues Leben aufzubauen, aber es war nicht leicht. Ich arbeitete als Schwesternhelferin in einem örtlichen Krankenhaus, in dem es glücklicherweise eine Kinderkrippe für Kim gab. Der Krippenplatz kostete mich 36 Pence pro Stunde und riss ein beträchtliches Loch in meine Kasse. Dabei darf man nicht vergessen, dass 36 Pence, für die man heute gerade mal eine Tüte Chips bekommt, damals wesentlich mehr wert waren. Doch ich liebte meine Arbeit, und in den zwei Jahren, in denen ich dort tätig war, lernte ich enorm viel, nicht nur über meinen Beruf, sondern auch über mich selbst.

Als Nächstes arbeitete ich als Krankenhaussekretärin auf einer allgemeinmedizinischen Station. Der Job gefiel mir so gut, dass ich dreizehn Jahre lang dort blieb. Die Station wurde von einer typischen Oberschwester geleitet, wie es sie heute gar nicht mehr gibt. Sie stellte jede Menge Regeln und Vorschriften auf und setzte unglaublich hohe Maßstäbe für Hygiene und allgemeines Verhalten. Auch wenn wir damals oft über sie geschimpft haben, war sie in Wahrheit eine wunderbare Frau.

Ich glaube, wenn es solche energischen Damen heute noch in unseren Krankenhäusern gäbe, ginge die Zahl der Krankenhausinfektionen im Handumdrehen zurück. Unsere Oberschwester hätte einen Schreikrampf bekommen, wenn sie gesehen hätte, dass Krankenschwestern in Dienstkleidung auf der Straße herumliefen und anschließend auf ihre Stationen zurükkkehrten, ohne sich umzuziehen. In der Gesundheitsversorgung hat sich viel verändert, und zwar nicht unbedingt zum Guten, wie ich finde. Dazu gehört auch, dass es solche Oberschwestern – die ja durchaus Drachen sein konnten – nicht mehr gibt. Vieles von dem, was sie mir beigebracht hat, beherzige ich noch heute.

Beruflich war ich zufrieden. Die Kinder gingen zur Schule, und Kim schrie nicht mehr jedes Mal, wenn ich zur Arbeit musste. Als die Kinder größer waren und unser Leben sich eingespielt hatte, lernte ich wieder einen Mann kennen. Chris konnte nicht nur großartig mit Kindern umgehen, er akzeptierte mich auch so, wie ich war. Bald erkannte ich, dass manche seiner Wesenszüge, über die ich mich beklagte, im Grunde genommen Stärken waren. Wenn er vorbeikam, holte er die Kinder aus dem Bett und tobte mit ihnen herum, bis sie so aufgekratzt waren, dass ich Stunden brauchte, um sie wieder zur Ruhe zu bringen. Aber er machte ihnen solche Freude, dass ich den Preis zahlen musste – überdrehte Kinder um Mitternacht. Chris konnte ganz fantastisch mit den dreien umgehen, und das war einer der Gründe, warum er mir so ans Herz wuchs.

Dabei war seine Freundlichkeit nicht aufgesetzt, sondern echt und von Herzen. Eines Abends, als ich sehr niedergeschlagen war, lud er mich ein, ihn zu besuchen und ihm zu erzählen, was ich auf dem Herzen hatte. Es war nichts Besonderes, aber zu der Zeit bedrückte es mich sehr. Wir tranken dann einige Gläser miteinander, und als ich ging, war ich ein wenig unsicher auf den Beinen. Erst Jahre später erfuhr ich, dass Chris mir bis zu meiner Wohnung gefolgt war, um sicherzugehen, dass ich heil nach Hause kam. Er hielt sich unauffällig ein Stück hinter mir und ging wieder heim, nachdem ich im Haus verschwunden war. Diese Fürsorglichkeit ist typisch für ihn. Als ich schließlich erkannte, was für ein wunderbarer Mann er war, willigte ich ein, ihn zu heiraten.

Das war kurz vor meinem vierzigsten Geburtstag. Als Chris mir seinen Antrag machte, stellte ich vor allem eine Bedingung: dass er mich und meine Katzen liebte. Er erwiderte, er habe bisher nicht viel mit Katzen zu tun gehabt, doch im Gegensatz zu meinem ersten Mann war er ein warmherziger und großzügiger Mensch und bereit, sein Bestes zu versuchen. Ich brauchte nicht lange, um ihn zu bekehren. Seitdem steht unser Haus einer ganzen Menagerie von Katzen offen, und Chris geht ebenso nachsichtig und liebevoll mit ihnen um wie ich selbst.

Nach der Hochzeit zogen meine drei Kinder und ich bei Chris ein, wovon ein anderes Familienmitglied allerdings nicht so begeistert war – Snowy. Er lief immer wieder zu unserem alten Haus, und Chris holte ihn jedes Mal geduldig zurück, aber nach einer Weile wurde uns klar, dass wir ihn im Haus halten mussten, bis er sich eingewöhnt hatte. Bald schloss auch Chris ihn ins Herz, und so war er voll und ganz einverstanden, als ich vorschlug, eine zweite Katze anzuschaffen.

Frohen Herzens wandte ich mich auf der Suche nach einem neuen Familienmitglied an das Katzenschutzzentrum. Sie schickten jemanden zur Vorkontrolle, um zu sehen, ob wir einer Katze ein gutes Heim bieten konnten, und schlugen mir vor, am nächsten Tag zu ihnen zu kommen und mir die Katzen anzusehen. In der folgenden Nacht fand ich kaum Schlaf, so aufgeregt war ich bei dem Gedanken, dass ich mir endlich die Familie schaffen würde, die ich mir immer gewünscht hatte.

Schon beim Betreten des Katzenschutzzentrums zog es mich unwiderstehlich zu einem winzig kleinen schlanken Mädchen, das wir – in Fortsetzung unserer alkoholischen Namensgebung – Ginny nannten (Snowys voller Name lautete Snowball, in Anlehnung an den Cocktail). Sie war ein erst zehn Monate altes, wunderschönes, aber scheues Kätzchen und unglaublich niedlich mit ihrem schwarz-weißen Pelz, den weißen Pfötchen und dem weißen Strich auf der Brust. Ginny war sehr nervös, weil sie nach der Scheidung ihrer Besitzer von ihrem Bruder getrennt worden war, doch sie überwand dieses Trauma rasch. Sie entwickelte sich sogar zu einem herrschsüchtigen und tyrannischen Wesen und erwies sich als richtiges Mamakind.

Nachdem sie sich in der neuen Umgebung eingewöhnt hatte, freundete sie sich mit Snowy, dem großen, flauschigen Kater an, der nun schon seit zehn Jahren bei uns lebte und dessen Fell nach Kims Malversuchen längst wieder weiß geworden war. Es war schön anzusehen, wie die beiden Katzen, die sich in Größe und Temperament so sehr unterschieden, miteinander umgingen – Snowy spielte für Ginny den Beschützer und schien immer zu wissen, was sie wollte.

Ebenso wie alle meine Katzen hatte auch Ginny ihre Eigenheiten. So konnte sie ganz fröhlich über den Bürgersteig laufen, nur um plötzlich vom Bordstein zu kippen. Ich hatte das Gefühl, das lag eher an ihrem mangelnden Gleichgewichtssinn als an etwaigen früheren Misshandlungen. Seltsamerweise schien es sie nicht zu stören, es gehörte einfach zu ihrem Leben. Sie kam mir vor wie ein Betrunkener, der stürzt, sich wieder aufrappelt und einfach weitergeht. Und so machte auch ich mir keine Gedanken über Ginnys Verhalten, zumal uns der Tierarzt versichert hatte, dass sie nicht darunter litt. Sie war eben einfach ein wenig unsicher auf den Beinen.

Wir hatten das Glück, Ginny lange bei uns haben zu dürfen. Sie starb als alte Dame mit zwanzig Jahren. Als Casper in unser Leben trat, war sie noch bei uns. Was die Eingewöhnung betraf, hätten die beiden nicht unterschiedlicher sein können: Während Ginny damit kaum Probleme hatte, wollte Casper lange nicht unter dem Bett hervorkommen.

Natürlich blieb er nicht ewig dort hocken, aber dickköpfig war er schon. Ich glaube, das war überhaupt die Ursache des Problems. Er hatte keine Angst und war auch nicht unsicher in der neuen Umgebung, er war einfach ein bisschen beleidigt, weil man ihn aus seinem Heim, wo er zehn Monate lang gelebt hatte, herausgerissen und in ein neues Zuhause umgesiedelt hatte.

Chris und ich gaben uns alle Mühe, aber der Kater war eben eingeschnappt. »Vielleicht will er wieder zurück«, sagte ich eines Tages zu Chris.

»Sei doch nicht albern«, gab er zur Antwort. »Mit dir hat er das große Los gezogen. Der wird da schon rauskommen – spätestens, wenn ihm der Magen knurrt.«

Chris hatte recht – Putenbrust erwies sich als unwiderstehlich. Damit konnte man Casper auch später immer locken. Wenn er vorhatte, draußen zu bleiben und auf einen seiner Streifzüge zu gehen, brauchte ich ihm nur ein Stück seiner Lieblingsspeise vor die Nase zu halten. Schon wurde er schwach und kam wieder herein.

Nachdem er sich einmal entschlossen hatte, unter dem Bett hervorzukommen, gewöhnte er sich rasch ein. Er schaute sich um, schnüffelte hier und dort und erkundete dann das ganze Haus. Wie sich bald herausstellte, war er ein ziemlicher Einzelgänger. Der Einzige, mit dem er spielte, war Tuppence. Unablässig jagten die beiden einander die Treppe rauf und runter. So ging es stundenlang, bis Casper auf einmal die Toberei satthatte und Tuppence unvermittelt zwackte.

Das Haus war groß genug, dass die Katzen sich aus dem Weg gehen konnten, aber wenn es Zeit für ein Nickerchen war, rükkten sie alle eng zusammen – bis auf Casper. Zwar kam es vor, dass er auf demselben Bett oder Sofa lag wie die Übrigen, doch er hielt sich immer ein wenig abseits und kuschelte sich nie an sie. Er war gegenüber anderen Katzen etwas reserviert, was uns nicht weiter erstaunte, als wir entdeckten, wie gern er unter Menschen ging und welche Strecken er täglich zurücklegte, nur um mit möglichst vielen Leuten zusammen zu sein.

Gewöhnlich machen sich Neuankömmlinge bei unseren alteingesessenen Katzen beliebt, indem sie sie so oft wie möglich putzen. Das habe ich häufig beobachtet, und ich bin sicher, dass gegenseitige Fellpflege dazu beiträgt, soziale Bindungen zu knüpfen. Manche der Katzen, die aus dem Tierheim kommen, überschütten unsere tierischen Mitbewohner geradezu mit Aufmerksamkeit, aber nicht so Casper. Weder putzte er die anderen, noch sie ihn. Dabei hätte er es manchmal bitter nötig gehabt, denn er konnte ein richtiger kleiner Dreckspatz sein. Es gab Tage, da putzte er sich so ausgiebig, dass seine weißen Flekken richtig in der Sonne strahlten, dann wieder verging eine halbe Ewigkeit, ohne dass er sich das Fell gepflegt hätte.

»Du bist ein Schmutzfink, Casper!«, schalt ich ihn dann und bemerkte mehr als einmal Chris gegenüber, dass der Kater mir vorkäme wie ein kleiner Junge, der sich erst dann wäscht, wenn es gar nicht mehr anders geht.

»Schau nur, wie du wieder aussiehst!«, schimpfte ich. »Deine weißen Flecken sind ganz gelb und deine Pfoten schwarz! Soll ich dich vielleicht baden?« Er starrte mich nur an, und ich konnte geradezu seine Gedanken lesen: *Wag es ja nicht!* Ein paar Mal versuchte ich tatsächlich, ihn zu säubern, aber danach war ich jedes Mal völlig zerkratzt, und so beschloss ich am Ende, ihn einfach in Ruhe zu lassen. Casper hatte nun einmal seinen eigenen Kopf. *Wie* eigenwillig er war, wurde von Woche zu Woche, von Monat zu Monat deutlicher.

Tuppence war genau das Gegenteil. Er putzte sich so ausgiebig, dass er kahle Stellen bekam. Als wir noch KP und Peanut, die beiden Schwestern, hatten, brachte Peanut oft den ganzen Tag damit zu, die anderen Katzen zu pflegen. Sie machte ihre Runde durchs Zimmer, und die anderen folgten der Kleinen mit den Augen, bis sie endlich an der Reihe waren, hingebungsvoll geputzt zu werden.

Nach und nach wurde Casper bei uns heimisch und versteckte sich immer seltener unter dem Bett. Dennoch ließ ich ihn und Tuppence noch nicht ins Freie. Tuppence war zwei und Casper zehn Monate lang auf der Pflegestelle gewesen, und so wollte ich ganz sichergehen, dass sie wussten, wohin sie gehörten, bevor sie hinaus durften. Also versperrte ich die Katzenklappe und stellte mehrere Katzentoiletten auf, doch Casper drängte mit der ihm eigenen Entschlossenheit ins Freie. Schließlich veranstaltete er ein solches Theater, dass ich die beiden hinauslassen musste. Casper konnte nicht richtig miauen, sondern stieß nur ein jämmerliches kleines Quieken aus, wenn er vor der Tür saß und auf seinen Ausgang wartete. Damit gelang es ihm immer, mich weichzuklopfen.

Unser Garten war auf mehreren Ebenen angelegt und der Boden an einigen Stellen ein wenig eingesunken. Daher hatte ich für Clyde, einen unserer älteren Kater, der einen schlimmen Rücken hatte, aus einem Brett mit Querverstrebungen eine Art Leiter konstruiert. Mithilfe dieser Vorrichtung konnte Clyde – und bald auch alle anderen – auf die Umfassungsmauer klettern und dort herumspazieren.

Es dauerte nicht lange, da verschwand Casper von Zeit zu Zeit. Er hüpfte die hölzernen Sprossen hinauf und sprang in die angrenzenden Gärten. Nach ein paar Stunden rief ich gewöhnlich nach ihm, doch er tauchte erst auf, wenn es ihm beliebte. Anfangs war ich sehr besorgt, wenn er auf seine Ausflüge ging, beruhigte mich dann aber mit dem Gedanken, dass er nur durch die Gärten der Nachbarschaft streifte. Doch eines Tages, als wir Casper etwa ein halbes Jahr hatten, öffnete mir ein Telefonanruf die Augen darüber, was für eine Katze wir uns da ins Haus geholt hatten.

6

Casper geht auf Wanderschaft

Casper trieb sich immer häufiger draußen herum. Er hatte sich zu einem selbstbewussten Burschen gemausert, der genau wusste, was er wollte. Ich habe mich häufig gefragt, was in seinem Kopf vorging, denn es schien, als hätte er ein festes Tagesprogramm. Ich hätte nie gedacht, dass er einen solchen Wandertrieb entwickeln würde, und da ich ständig Angst um meine Katzen hatte, versuchte ich, ihn so viel wie möglich im Haus zu halten. Doch da hatte ich die Rechnung ohne den Kater gemacht.

Im Laufe der Zeit zerbrach Casper in seinem unbändigen Freiheitsdrang mehrere Fenster und bearbeitete sogar zugenagelte Katzenklappen. Ich legte ihm ein Halsband mit einer Plakette an, auf der mein Name und meine Telefonnummer standen, für den Fall, dass er sich verlief oder ihm etwas zustieß. Allmählich war ich davon überzeugt, dass mein erster Eindruck von ihm richtig gewesen war: Als er zu uns kam, war er keineswegs scheu oder verängstigt, sondern schlichtweg stur. Und diese Sturheit zeigte sich nun immer öfter.

Eines Nachmittags, als ich von der Arbeit kam, klingelte das Telefon. Eine Frauenstimme fragte: »Gehört Ihnen eine Katze namens Casper?« Mir fuhr der Schreck in die Glieder, denn ich hatte ihn am Morgen, bevor ich zur Arbeit ging, nicht gesehen. »O Gott, er ist tot, nicht wahr?«, flüsterte ich.

Sie lachte freundlich. »Nein, es geht ihm gut – er ist hier vor meinem Büro auf dem Parkplatz.«

Ich fragte sie nach der Adresse und war entsetzt, als sich herausstellte, dass ihre Arbeitsstelle mehr als zweieinhalb Kilometer von uns entfernt war. Wie war Casper bloß dort hingekommen? Es gab verschiedene Möglichkeiten. Am wahrscheinlichsten war er die Strecke gelaufen oder in ein fremdes Auto eingestiegen und wieder hinausgesprungen, als die Leute auf dem Parkplatz hielten.

Da ich keinen Führerschein besaß, musste ich, den Katzenkorb in der Hand, mit dem Bus bis zu dem Parkplatz fahren. Als ich Casper aufsammelte, empfand ich die gleichen widerstreitenden Gefühle wie immer, wenn er in späteren Jahren auf Abenteuersuche war: Erleichterung darüber, dass er unversehrt war, und Ärger, weil er sich in Gefahr gebracht hatte. »Du bist ein unartiger Junge, Cassie, mir solche Sorgen zu machen. Warum kannst du nicht einfach zu Hause bleiben?«

Aber ich war so froh, ihn wiederzuhaben, dass ich ihm nicht lange böse sein konnte. Als ich jedoch merkte, dass der Bus schon lange weg war und ich nach einem anstrengenden Arbeitstag mit einer zappeligen Katze im Korb die ganze Strecke laufen musste, kamen mir doch noch ein paar unfreundliche Bemerkungen über die Lippen. Später tat mir dies natürlich wieder leid.

Caspers Eskapade machte mir eines klar: Ich musste ihn chippen lassen. Sollte er einmal einen Unfall haben oder sich verlaufen, hatte ich so wenigstens die Chance, ihn wiederzubekommen, wenn ein Tierarzt den Chip scannte und meine Daten vom landesweiten Tierregister erfragte. Also vereinbarte ich gleich für den nächsten Tag einen Termin.

Während ich mich am darauffolgenden Morgen fertig machte, hielt ich dem Kater eine kleine Standpauke. »Es ist nur zu deinem Besten«, sagte ich. »Du bist nun mal ein kleiner Streuner, wie?« Er schaute mich an, als verstünde er jedes Wort. »Na ja, das ist wohl nicht zu ändern, aber ich kann wenigstens dafür sorgen, dass ich dich wiederfinde, wenn du mir mal abhanden kommst.« Ich betrachtete diesen Kater, den ich schon so ins Herz geschlossen hatte, und meine Stimme wurde sanfter. »Ach, Casper, bitte bleib doch in der Nähe. Ich möchte dich nicht verlieren.«

Ich brachte Casper also zur Tierarztpraxis und setzte ihn auf den Behandlungstisch. Der Tierarzt scannte ihn ab und stellte fest: »Er ist schon gechippt.«

»Was?«, rief ich. Damit hatte ich nicht gerechnet. Warum hatten die Leute vom Tierschutz mir nichts davon gesagt, als ich ihn aufnahm?

Der Tierarzt fragte mich, was ich jetzt tun wolle. Für mich war die Sache klar: Casper gehörte mir nicht. Irgendwo gab es einen Menschen, der den Kater schon seit Längerem vermisste und ihn wahrscheinlich für tot hielt. »Ich muss wohl herausfinden, auf wen er registriert ist, und ihn den Leuten zurückgeben, nicht?«

Mit schwerem Herzen ging ich nach Hause, wo Casper fröhlich aus dem Korb sprang und die Treppe hinaufflitzte. Ich dagegen ließ mich aufs Sofa fallen und dachte daran, was ich nur ohne ihn anfangen sollte. Er war bereits ein Teil unseres Lebens geworden, und ich konnte mir gar nicht vorstellen, ihn wieder abzugeben. Aber ich wusste, was ich zu tun hatte.

Sobald ich mich dazu durchringen konnte, rief ich bei *Cats Protection* an und erzählte der Dame dort, was geschehen war. Ich nannte ihr die Registriernummer, die der Tierarzt gefunden hatte, und sie versprach, das Zentralregister anzurufen und sich dann wieder bei mir zu melden. Die Zeit schlich nur so dahin, während ich auf ihren Anruf wartete, dabei verging in Wahrheit nicht einmal eine halbe Stunde bis zu ihrem Rückruf. Was sie mir sagte, freute mich sehr, auch wenn es mir bis heute ein Rätsel geblieben ist. »Bitte behalten Sie ihn, Sue«, bat sie mich. »Er kann auf keinen Fall in sein früheres Zuhause zurück. Das können wir ihm einfach nicht antun. Kann er nicht bei Ihnen bleiben?«

Natürlich wünschte ich mir nichts sehnlicher als das, schließlich liebte ich Casper innig, aber was steckte hinter dieser Andeutung? Ich konnte nur so viel herausbekommen, dass er aus einer furchtbar schlechten Haltung kam, in die man ihn unter keinen Umständen zurückgeben konnte. Ich hatte den

Eindruck, dass Casper seinem schrecklichen Leben irgendwie entkommen war und eine Weile als Streuner gelebt hatte, bis ihn ein freundlicher Mensch auf die Katzenpflegestelle brachte, von wo aus er schließlich zu uns kam.

Ich war überglücklich, dass Casper nun offiziell mir gehörte, und die Mitarbeiterin von *Cats Protection* versprach mir, die Besitzerdaten im Zentralregister sofort ändern zu lassen. Jetzt erst war Casper ganz und gar mein Kater, aber ich dachte noch oft darüber nach, was für ein Leben er wohl geführt hatte.

Im Laufe der Zeit fanden wir mehr über ihn heraus, zum Beispiel, dass er keine Angst im Straßenverkehr hatte, ja sogar Autos und Lastwagen geradezu liebte und Hunde ihn völlig kaltließen. Nach allem, was ich bisher von ihm wusste, konnte ich mir zusammenreimen, dass der Kater wahrscheinlich bei fahrenden Leuten gelebt hatte. Ich möchte damit nichts gegen Menschen sagen, die sich für ein solches Leben entscheiden, aber ich bin der Meinung, dieses unstete Dasein kann nicht besonders schön für Casper gewesen sein. Es würde jedenfalls erklären, warum er keine Angst vor anderen Tieren hatte und sich so stark zu Fahrzeugen hingezogen fühlte. Doch wie bei so vielen meiner Katzen würde ich die ganze Geschichte nie erfahren. Ich musste die Vergangenheit ruhen lassen und mich darauf konzentrieren, ihnen das Leben bei mir so schön wie möglich zu machen.

Immer wieder fragte ich mich, wohin Casper wohl ging. An manchen Tagen blieb er in der Nähe und kam sofort, wenn ich ihn rief – oder er die Putenbrust witterte. Dann wieder konnte er stundenlang fortbleiben, ohne auf mein Rufen zu reagieren. Er war ein richtiger kleiner Herumtreiber.

Casper hatte keine Angst vor Hunden, was mir Sorgen machte, weil ich befürchtete, er könnte einmal von einem Hund angegriffen werden. Doch wo wir auch wohnten, er lag im Gras und zuckte nicht mit der Wimper, wenn ein Hund vorbeilief. Eines Sommers hatte eine Nachbarin einen niedlichen kleinen Spanielwelpen, den sie immer um die gleiche

Zeit spazieren führte. Sobald sie an unseren Vorgarten kamen, wo Casper in der Sonne faulenzte, zerrte das Hündchen an der Leine. Wahrscheinlich wollte es nur mit dem Kater spielen, doch Casper sträubte sich weder das Fell, noch rührte er sich von der Stelle. Er beobachtete den Welpen ebenso gelassen wie die Menschen, die vorbeigingen.

Einige Zeit nachdem wir Cassie bekommen hatten, zogen wir nach Frome in Somerset. Ich machte mir bei Umzügen immer ein wenig Sorgen um die Katzen, weil sie oft eine Weile brauchten, um sich in der neuen Umgebung einzugewöhnen. Ich versuchte, sie so lange im Haus zu halten, bis sie begriffen hatten, dass dies nun ihr neues Heim war, und sich an die fremden Gerüche und Geräusche gewöhnt hatten. Das alte Cottage, das wir gekauft hatten, war von einer hohen Mauer umgeben, über die Casper nicht aus eigener Kraft klettern konnte. Dennoch versuchte er es immer wieder, sooft es ihm gelang, nach draußen zu entwischen. Schließlich entdeckte er ein Tor, das zwar verriegelt war, um das er sich jedoch herumquetschen konnte. Jenseits der Mauer lag der Parkplatz eines Ärztezentrums, und ich war in Sorge, weil er dort wieder auf Autos treffen würde. Aber mir war klar, dass ich damit überfordert war, diese Katze im Haus zu halten, und so blieb mir nichts anderes übrig, als ihm hin und wieder seine Freiheit zu gönnen.

Zu jener Zeit hatte ich ziemlich ernste gesundheitliche Probleme und benötigte eine Herzoperation. Doch zuvor musste mein Blutdruck gesenkt werden, weshalb ich häufig zum Arzt ging. Eines Tages hatte ich einen Termin und meldete mich an der Rezeption der Gemeinschaftspraxis. Ich wurde wie gewohnt ins Wartezimmer geschickt, doch als ich dort eintrat, traute ich meinen Augen kaum: Auf einem der Plastikstühle saß, frech wie Oskar, mein Kater und tat, als sei es die normalste Sache der Welt. Gott sei Dank war es noch früh am Morgen, und im Wartezimmer saßen keine weiteren Patienten. »Casper, was machst du denn hier?«, zischte ich. Er schaute mich nur träge an, als sei meine Frage keiner Erwiderung würdig, und blieb sitzen. Ich sah mich rasch um, darauf gefasst, dass jeden Augenblick die Arzthelferin auf mich zustürzen und mir befehlen würde, die Katze hinauszubringen, doch nichts geschah. Also nahm ich Casper auf den Arm und schimpfte ein wenig mit ihm, während ich ihn auf den Parkplatz hinaustrug und in die Richtung unseres Cottage scheuchte.

Als ich schließlich im Sprechzimmer saß, wunderte ich mich, dass mein Blutdruck nicht in ungeahnte Höhen gestiegen war. Ständig musste ich daran denken, dass Casper vor mir in die Praxis gelaufen und auf einen Stuhl gesprungen war, während ich noch an der Rezeption stand. Ich war nur froh, dass ihn keiner bei diesem frechen Streich erwischt hatte.

In der folgenden Woche musste ich noch einmal zu weiteren Untersuchungen in die Praxis. Da ich etwas spät dran war, schickte man mich sofort in eines der Sprechzimmer, die alle durch Zwischentüren verbunden waren. Dort saß ich nun mit der Blutdruckmanschette am Arm und fiel beinahe in Ohnmacht, als ich aus einem anderen Raum eine erboste Stimme hörte: »Schafft die Katze hier raus! Das hier ist eine Arztpraxis und keine Zoohandlung!«

Ich wusste, es war Casper. Welche andere Katze hätte sich so etwas geleistet? Da ich nicht einfach aufspringen und hinauslaufen konnte, um meinen Kater zu holen, sah ich zu, dass ich die Untersuchung so rasch wie möglich hinter mich brachte, und eilte nach Hause, wo Casper mich mit Unschuldsmiene auf der Türschwelle empfing.

In der folgenden Zeit beobachtete ich mehrfach, dass Cassie hinter Patienten durch die Praxistür schlüpfte. Die Ärzte mochten darüber nicht begeistert sein, aber die Arzthelferinnen mussten es ja auch mitbekommen und schienen nichts gegen die Anwesenheit des Katers zu haben.

Eines Tages fasste ich mir ein Herz und sprach die Frau an der Rezeption darauf an, als ich wegen eines neuen Termins dort war. »Ähm …«, begann ich zögernd, »wissen Sie eigentlich, dass sich hier manchmal eine Katze hereinschleicht?«

Sie lächelte, als sei das die natürlichste Sache der Welt, und antwortete: »Ja, aber sicher wissen wir das. Ist sie nicht süß?«

Das konnte ich nicht leugnen. »Nun ja, ehrlich gesagt, ich glaube, das ist mein Kater«, gestand ich.

»Tatsächlich? Casper gehört Ihnen?«

Wir unterhielten uns noch eine Weile, und sie erzählte mir, dass sie seinen Namen auf der Marke am Halsband gelesen hatten. Er kam ziemlich häufig in die Praxis, aber solange er sich von den Sprechzimmern fernhielt, war er durchaus gern gesehen. Diese freundliche, wenn auch ein wenig exzentrische Einstellung der Arzthelferin erstaunte mich sehr. So etwas konnte es nur in England geben, dass eine herumstreunende Katze wie selbstverständlich in einer Arztpraxis willkommen geheißen wurde. Es war schön zu wissen, dass diese Menschen so nett zu Casper gewesen waren, während ich noch gar nichts von seinen Eskapaden ahnte.

Wie ich von der Arzthelferin erfuhr, hatten bereits viele Patienten gesagt, sie freuten sich, Casper zu sehen. Er schaffte es, sie für ein Weilchen von ihren Sorgen und Nöten abzulenken – wahrscheinlich war er deshalb dort so wohlgelitten.

Ich hatte schon davon gehört, dass Tiere zu Langzeitpatienten in Krankenhäuser gebracht wurden, mit dem Erfolg, dass bei den Kranken der Stresspegel und der Blutdruck sanken und Glückshormone freigesetzt wurden. Im *Great Ormond Street Hospital,* dem weltbekannten Kinderkrankenhaus in London, läuft sogar ein Therapieprojekt, bei dem die Kinder regelmäßig Besuch von verschiedenen Tieren wie Meerschweinchen, Kätzchen, Hunden und sogar einem Shetlandpony bekommen. Das Pflegepersonal konnte beobachten, dass die jungen Patienten in der für sie oft bedrohlichen Umgebung deutlich ruhiger und gelöster sind, wenn sie Tiere um sich haben. Überall im Land leisten Tausende von Therapiehunden und -katzen Erstaunliches, und mir schien, als hätte Caspers Anwesenheit eine ähnliche Wirkung, wenn auch im Kleinen. Dabei entbehrte es nicht einer gewissen Ironie, dass er durch seine Herumtreiberei vielleicht den Blutdruck anderer Menschen senken half, meinen jedoch in die Höhe trieb!

Was mich an Casper immer wieder aufs Neue erstaunte, war, mit welcher Selbstverständlichkeit er überall hinging, wohin es ihn zog, selbst an Orte, die wenig katzenfreundlich erschienen. Das Schild an der Arztpraxis konnte er natürlich nicht lesen, doch die meisten Katzen hätten sich wohl gescheut, ein seltsames Gebäude voller fremder Menschen zu betreten. Nicht so Casper.

Vielleicht lag es an Caspers Entschlossenheit, dass die Menschen ihn akzeptierten. Wenn er auf einem Stuhl in einem Wartezimmer saß, dann sollte das vielleicht einfach so sein. Es schien, als könne er durch seine bloße Anwesenheit jederzeit seinen Willen durchsetzen. Hinzu kam, dass er ein ruhiger Kater war, der nie aufdringlich wurde. So gern er Menschen mochte, er ging doch selten auf sie zu, sondern wartete gewöhnlich, bis sie sich ihm näherten. Er war einfach nicht der Typ Katze, der einem auf der Suche nach Aufmerksamkeit ständig um die Beine strich, und so fiel er niemandem auf die Nerven. Er ging in der Praxis nach Belieben ein und aus, als sei es sein gutes Recht, und mit der Zeit, als er seine Streifzüge durch die Stadt ausdehnte, wurde er weithin bekannt. Wie viele Leute ihn tatsächlich kannten, ahnte ich damals allerdings noch nicht.

7

Ein behagliches Leben

Normalerweise löste ich meine Rezepte in der Stadt ein, doch da ich wegen meiner bevorstehenden Herzoperation oft krankgeschrieben war, musste ich mir eine Apotheke suchen, die näher an meinem Zuhause lag. Ich wählte eine, die an das bei Casper so beliebte Ärztezentrum angeschlossen war.

Eines Tages betrat ich die Apotheke nach einem Besuch bei meinem Hausarzt. Ich hatte Casper in der Arztpraxis nicht gesehen und fragte mich, wo er sich wohl herumtreiben mochte. Neben der Theke standen zwei Stühle für Kunden, die auf die Zubereitung einer Arznei warten mussten. Sie können sich wohl vorstellen, wie überrascht ich war, als ich Casper entdeckte, der wie selbstverständlich auf einem der Stühle thronte. Er sah aus, als warte er auf seine Bestellung.

»Das ist doch mein Kater! War er schon öfter hier?«, fragte ich verwundert die Apothekenhelferin.

»Öfter?«, gab sie zurück und lachte. »Sagen wir mal so: Früher stand hier *ein* Stuhl für Kunden, die auf ihre Medikamente warten. Jetzt sind es zwei. Der Kater hat den Stuhl so oft in Beschlag genommen, dass wir ihm schließlich einen eigenen hinstellen mussten.«

Casper benahm sich immer sonderbarer. Und das Erstaunlichste daran war, dass alle ihm seinen Willen ließen. Ebenso wie die Mitarbeiterinnen im Ärztezentrum waren auch die Angestellten der Apotheke sehr freundlich zu Casper, dessen Namen sie ebenfalls von der Plakette an seinem Hals kannten. Bereitwillig akzeptierten sie die merkwürdige kleine Katze, die oft von neun Uhr morgens bis zum Ladenschluss dort saß. Ich musste an die vielen Tage denken, an denen ich mir vor lauter

Sorge um Casper die Haare gerauft hatte und auf der Suche nach ihm bei Wind und Wetter durch die Straßen gelaufen war, ohne zu ahnen, dass er warm und trocken auf einem eigens für ihn bereitgestellten Stuhl hockte. Rasch lief ich nach Hause und holte meinen Fotoapparat, um ein paar Bilder von ihm zu machen. Er sah aus wie ein Prinz, dem seine Dienerschaft jeden Wunsch von den Augen ablas. Und ungefähr so verhielt es sich ja tatsächlich.

Wie ich erfuhr, hatten besonders die älteren Kundinnen der Apotheke Casper ins Herz geschlossen. Manche nahmen ihn auf den Arm, trugen ihn wie ein Baby herum und schmusten mit ihm, während sie auf ihre Bestellung warteten. Eine der Angestellten sagte, dass einige Kunden, die sonst nicht mehr viel vom Leben hatten, sich immer schon auf ihn freuten. Doch das Vergnügen war nicht einseitig, denn Casper genoss es sehr, von allen verhätschelt zu werden.

»Er ist aber auch ein Hübscher, nicht?«, bemerkte eine der Frauen.

»Ja, wenn er sauber ist«, hätte ich beinahe erwidert, verkniff mir die Bemerkung jedoch. Ich wollte sie nicht auf den Gedanken bringen, Casper sei manchmal etwas unhygienisch – womöglich hätten sie ihn dann nicht mehr dort haben wollen.

Die Art und Weise, wie Casper sowohl im Ärztezentrum als auch in der Apotheke behandelt wurde, ist meiner Ansicht nach ein gutes Beispiel für die wunderbare, wenn auch mitunter etwas verschrobene Tierliebe der Briten. Manchmal kommt es mir so vor, als hätten wir mehr Zeit für Tiere als für unsere Mitmenschen. Auch wenn es um Spenden für Tiere geht, zeigt sich die britische Bevölkerung überaus großzügig. Nach Auskunft der *Charities Aid Foundatio*n erhält der Kinderschutzbund *NSPCC* nur zwei Millionen Pfund mehr an Spenden als die Tierschutzvereinigung *RSPCA.* Dabei gehen rund vierunddreißig Millionen Pfund jährlich an den *Dogs Trust* und siebenundzwanzig Millionen an *Cats Protection.*

Auch wenn wir Briten im Ausland als übertrieben bürokratisch gelten, scheint es doch, als nähmen wir es mit den Regeln nicht so genau, wenn es um Tiere geht. Selbst die Queen ist für ihre Liebe zu Corgis bekannt, und viele haben von der Tigerkatze *Mrs Chippy* gehört, die 1914 Sir Ernest Shackleton auf seiner Antarktis-Expedition auf der *Endurance* begleitete.

Erst vor wenigen Jahren erfuhr die breite Öffentlichkeit Näheres über die Katzen, die seit 1883 im Innenministerium in London lebten. Ursprünglich waren sie angeschafft worden, um die Mäuseplage in dem alten Gebäude einzudämmen, doch im Jahr 1929 wurden sie offiziell »in Dienst gestellt«. Von da an wurde vom Ministeriumsbudget täglich ein Penny für ihr Futter abgezweigt. Die Katzen im Innenministerium waren allesamt schwarz und hießen immer Peter. Als an mehreren Orten im ganzen Land Zweigstellen des Ministeriums eröffnet wurden, stellten sie alle offizielle Anträge auf einen eigenen »Peter«.

In den späten 1950er-Jahren geriet der damals im Londoner Hauptsitz residierende Peter ins Licht der Öffentlichkeit, weil er in einem Dokumentarfilm gezeigt wurde. Als zahlreiche Zuschauer ihm daraufhin als Anerkennung für seine Arbeit Lekkereien schicken wollten, wurden sie darüber belehrt, dass Peter, wie alle Beamten, keine Geschenke annehmen dürfe. Nach dem Tod dieses Katers bot die Isle of Man eine ihrer berühmten Manxkatzen als Nachfolger an. Die Tatsache, dass es ein Weibchen war, hätte beinahe zu einem Bruch mit der »Peter«-Tradition geführt, doch die Mitarbeiter des Ministeriums wussten sich zu helfen und nannten sie *Peta.*

Auch in der Downing Street, dem Sitz des britischen Premierministers, wusste man die Vierbeiner zu schätzen. Während der Regierungszeit dreier Amtsinhaber – Edward Heath, Harold Wilson und Margaret Thatcher – lebte dort der Kater Wilberforce, der im Ruf eines vorzüglichen Mäusefängers stand. Erst 1987 trat er in den Ruhestand. Er gewann sogar die Sympathie der Eisernen Lady, die ihm von einem Staatsbesuch in Moskau eine Dose Sardinen mitbringen ließ.

Wilberforce starb bald nach seiner Pensionierung, und eine neue Katze trat ihren Dienst in *Number 10* an. Humphrey, so benannt nach einer Figur in der Fernsehserie *Yes Minister,* tauchte eines Tages am Amtssitz auf und blieb kurzerhand dort. Der Premierministerin dürfte es besonders gefallen haben, dass sein Unterhalt nur 100 Pfund betrug, ein geringer Betrag im Vergleich zu den 4000 Pfund für einen amtlich bestellten Kammerjäger, der angeblich niemals auch nur eine einzige Maus fing. Humphrey erlebte den Regierungswechsel von Mrs Thatcher zu John Major und war noch immer da, als 1997 eine Labour-Regierung unter Tony Blair an die Macht kam. Der Kater durfte ungehindert zwischen Downing Street 10 und 11 hin und her wandern und wurde so berühmt, dass man ihm sogar ein Buch widmete. Als er einmal dem amerikanischen Präsidenten Bill Clinton bei dessen Staatsbesuch begegnete, erkundigte er sich bestimmt bei ihm, ob Socks, die Katze im Weißen Haus, mehr Vorrechte genoss als er selbst.

Zu einem handfesten Skandal kam es, als Humphrey vorgeworfen wurde, für den Tod mehrerer junger Rotkehlchen verantwortlich zu sein. Sofort ergriff der Premierminister Partei für ihn und erklärte, Humphrey sei »kein Serienmörder«. Später wurde gemunkelt, Mr Major wisse das deshalb so genau, weil er selbst die Vogeleltern verscheucht und damit die Küken zum Tode verurteilt habe.

Diese Angriffe auf seinen guten Ruf überstand Humphrey unbeschadet, doch er sollte nicht die komplette Regierungszeit Tony Blairs in der Downing Street erleben. Bereits sechs Monate nach Blairs Amtsantritt verschwand Humphrey, was den Argwohn mancher Journalisten erregte. Auf ihre Nachfrage nach dem obersten Mäusefänger bekamen sie die Auskunft, er habe sich wegen eines Nierenleidens zur Ruhe gesetzt. Daraufhin wurde spekuliert, man habe den Kater einschläfern lassen, weil die Gattin des Premierministers angeblich allergisch gegen Katzen sei. Und nun kam es zu einer Szene, die typisch für die Verschrobenheit der Briten in Bezug auf Tiere ist: Eine Gruppe ausgewählter Journalisten wurde zu dem geheimen Ort gebracht, an dem Humphrey seinen Ruhestand verlebte. Viele von ihnen kannten den Kater von früher und konnten bestätigen, dass er es tatsächlich war. Und so konnte eine nationale Krise abgewendet werden. Ich sehe eine starke Ähnlichkeit zwischen Humphrey und Casper, und ich frage mich, ob alle schwarz-weißen Langhaarkatzen von Natur aus Unruhestifter sind.

Erst als Mr Blair 2007 von Gordon Brown abgelöst wurde, kam eine neue Katze in die Downing Street. Man nimmt an, dass Sybil – benannt nach einer Figur aus der Serie *Fawlty Towers* – aus dem Haus des Schatzkanzlers Alistair Darling in Edinburgh stammte. Leider konnte sich Sybil nicht eingewöhnen, und so wurde beschlossen, sie wieder nach Schottland zurückzubringen. Doch bevor das geschehen konnte, erkrankte Sybil schwer und starb.

Mir gefällt die Vorstellung ungemein, dass die Mächtigen trotz allem politischen Wirrwarr und höchst wichtiger Debatten immer noch Zeit für ihre vierbeinigen Freunde finden. Vielleicht sinkt auch bei den Politikern dadurch der Blutdruck, und der Stress nimmt ab – wer weiß? Jedenfalls hoffe ich, dass es weiterhin so bleibt, und bin stolz darauf, dass Casper Menschen in einer schwierigen Lebenssituation ein klein wenig helfen konnte.

Lieber Cassie, so hast du all diese Leute aufgemuntert, ohne es zu wissen – und vor allem, ohne dass *ich* es wusste. Es ist wirklich traurig, wie viele einsame alte Menschen es gibt, die niemanden haben, mit dem sie ihre Sorgen teilen können. Aber wenn ich mir vorstelle, wie Casper ihnen Gesellschaft leistete, wird mir warm ums Herz, und ich fühle mich getröstet. Ich bin sicher, dass manche Menschen sich einem Tier in einem Maße öffnen, wie sie es einem anderen Menschen gegenüber niemals täten, und ich hoffe, Casper war ihnen Trost und Hilfe.

Was Casper so besonders machte, waren seine Freundlichkeit und seine Menschenliebe. Sie sorgten dafür, dass ein gewöhnlicher kleiner Kater eine so außergewöhnliche Wirkung hatte. Über seine Eskapaden in Frome amüsierte ich mich, doch was geschah, als wir nach Plymouth zogen, hätte ich mir nicht träumen lassen.

Casper: Wie man die Welt erkundet und Freunde findet

Selbstverständlich begann mein Leben nicht erst, als ich mein Frauchen fand. Als wir uns kennenlernten, war ich schließlich kein kleines Kätzchen mehr, sondern ein Kater mit Vergangenheit! Sie hätte bestimmt gern mehr über mich erfahren, doch ich zog es vor, das Geheimnis meiner Vergangenheit nicht zu lüften und stattdessen den Blick in die Zukunft zu richten. In der Zeit vor meinem Frauchen hatte ich gelernt, mich durchzuschlagen und, was beinahe noch wichtiger ist, ungezwungen mit Menschen umzugehen. Diese Fähigkeiten nutzte ich, um mir das Leben so angenehm wie möglich zu machen.

Irgendwann dämmerte es mir, dass mein Wissen über die Welt der Menschen nicht nur für Katzen, sondern auch für Menschen nützlich sein konnte. Als eingefleischter Streuner, der ich bin, habe ich reichlich Erfahrungen sammeln können, wie man in der Welt herumkommt und Freunde findet. Und diese Erfahrungen möchte ich mit euch teilen.

Caspers Rezept für einen erfüllten Tag

1. Überlege dir zuerst, wohin du gehen willst.

2. Dann geh dorthin.

3. Sollte dir dabei jemand Steine in den Weg legen (eines muss man den Menschen lassen: Sie verstehen es, aus harmlosen Haushaltsartikeln einen wahren Hindernisparcours aufzubauen), dann betrachte es als Herausforderung. Jedes Fenster und jede Tür wird irgendwann geöffnet. Bis es so weit ist, stell dich schlafend, um bei passender Gelegenheit aufzuspringen und durch den Türspalt zu entwischen. Dein Mensch wird viel zu verdutzt sein, um dich aufzuhalten.

4. Von früheren Streifzügen weißt du bestimmt schon, wo du ein paar nette Stunden verbringen kannst. In diesem Fall mach dich unverzüglich auf den Weg dorthin, wo Wärme, Futter oder Gesellschaft auf dich warten. Solltest du noch unschlüssig sein, schlage eine Richtung ein, aus der fröhliche menschliche Stimmen oder der Duft von Putenbrust, aber kein Hundegebell dringen.

5. Ich habe feststellt, dass es für Katzen immer dort am gemütlichsten ist, wo sich viele Menschen versammeln. Beim Menschenarzt oder in den Läden, wo sie ihre Flohmittel kaufen (sie nennen sie Apotheke), gibt es meist ein bequemes Plätzchen für Katzen. Wenn die Menschen auch sitzen wollen, wird sogar ein zweiter Stuhl aufgestellt - eine sehr zuvorkommende Geste, wie ich finde.

6. Sollte dich jemand anschreien, hör einfach weg, solange derjenige nicht handgreiflich wird oder Gegenstände nach dir wirft.

7. Wohin du auch gehst, tu so, als gehörtest du dorthin.

8. Sollte dein Mensch auftauchen, bleib ganz ruhig. Die Menschen wundern sich immer wieder, dass wir Katzen auch ein Leben außerhalb ihres Hauses und Gartens haben. Entdecken sie uns dann woanders, sind sie ganz perplex und finden, wir müssten »dringend wieder nach Hause«. Das ist doch komisch, denn wenn wir »dringend« nach Hause »müssten«, könnten wir ja gehen. Also bleib, wo du bist, stell dich schlafend und ignoriere deinen Menschen einfach. Er wird bald begreifen, was anderen Leuten schon längst klar ist, nämlich dass es dein gutes Recht ist, dort zu sein. Vielleicht glaubt er ja auch, er habe sich das alles nur eingebildet.

9. Hältst du dich an den genannten Orten auf, dann musst du damit rechnen, dass die Menschen viel Aufhebens um dich machen (vielleicht ging es dir ja sogar darum). Es kann passieren, dass sie dich wie ein Baby auf den Arm nehmen, dich loben, weil du so klug bist (dabei tust du doch gar nichts Besonderes), und dir ihre Geheimnisse und Sorgen anvertrauen.

10. Und schließlich: Geh wieder nach Hause, als sei nichts geschehen.

9

Caspers Katzenkumpel

Meine Tierliebe ist ein Teil von mir, und mein Mann Chris akzeptiert das. Er lacht mich nie aus, wenn ich auf der Straße einen Regenwurm in Sicherheit bringe oder im Urlaub lautstark dagegen protestiere, dass jemand aus Gedankenlosigkeit oder Grausamkeit ein Tier quält. Chris liebt mich einfach so, wie ich bin, und dafür werde ich ihm ewig dankbar sein. Bei unserer Heirat ahnten wir nicht, welch schwere Zeiten uns noch bevorstanden, doch ich glaube, durch sein Verständnis für mich gewann unsere Beziehung eine so feste Basis, dass wir allen Schwierigkeiten trotzen konnten.

Ich freue mich immer darüber, wenn sich im Laufe der Zeit enge Bindungen zwischen den Katzen entwickeln, ebenso wie zwischen ihnen und mir. Was ich von ihnen über Geduld und Fürsorge gelernt habe, ist für mich von unschätzbarem Wert. Das gilt besonders für ein Katzenpärchen mit Namen Clyde und Gemma.

Wir übernahmen Gemma von einem Paar, das sich von der Organisation *Cats Protection* an unserem damaligen Wohnort getrennt und eine eigene Tierhilfegruppe ins Leben gerufen hatte. Mit diesem Paar freundete ich mich an und hielt den Kontakt, obwohl ich zu der Zeit nicht vorhatte, weitere Katzen aufzunehmen. Und da ich die beiden immer gern besuchte, radelte ich eines schönen Sommernachmittags zu ihrem Katzenheim hinüber. Chris wollte nach Feierabend nachkommen.

Zur Begrüßung rief Rosemary mir zu: »Schau dich doch ein bisschen um, Sue, ich komme sofort!« Mit ihren Schützlingen hatte sie immer alle Hände voll zu tun, doch ich spazierte gern ein wenig herum und sah den Katzen zu.

Ich warf also einen Blick in die einzelnen Quartiere und überzeugte mich davon, dass es den Katzen gut ging, als plötzlich dieses wunderschöne Geschöpf auf mich zukam und mich ganz seltsam anschaute. Ich hatte beinahe das Gefühl, als blicke es direkt in meine Seele – es war richtig unheimlich. Da ich, wie gesagt, nicht vorhatte, noch eine Katze aufzunehmen, versuchte ich, den Eindruck zu vergessen. Später am Nachmittag kam Chris, und wir plauderten ein wenig mit Ted und Rosemary, bevor wir wieder nach Hause fuhren. Ich hatte gar nicht bemerkt, dass Chris während unseres Besuches ebenfalls einen Rundgang gemacht hatte, und war erstaunt, als er mir davon erzählte.

Zu Hause angekommen, redete er noch immer über die Katzen und fragte schließlich: »Hast du zufällig die weiße mit den grauen Flecken gesehen?« Ich wusste sofort, welches Kätzchen er meinte, und war wie vom Donner gerührt, als er fortfuhr: »Sie starrte mich so lange und eindringlich an, dass ich das Gefühl hatte, sie zu kennen. Es ist komisch, aber ich spürte eine Verbindung zwischen uns. Wir passten einfach irgendwie zusammen«, setzte er hinzu. Es war wirklich sonderbar. Chris liebte Tiere mittlerweile auch, aber so etwas hatte ich noch nie von ihm gehört. Die kleine Katze musste es ihm wirklich angetan haben.

An jenem Abend sprachen wir nicht weiter darüber, doch als wir im Bett lagen und ich schon fast eingeschlafen war, flüsterte Chris: »Weißt du, Sue, diese kleine grau-weiße Katze – wenn du sie haben möchtest, hätte ich absolut nichts dagegen.« Damit hatte er praktisch vorgeschlagen, sie aufzunehmen.

Als ich Rosemary am nächsten Tag anrief, freute sie sich sehr, dass wir Gemma adoptieren wollten. Sie brachte die Katze noch am selben Nachmittag und erzählte uns ein wenig über sie. »Das arme Ding war schon zweimal vermittelt«, sagte sie. »Aber oft erwarten die Leute, dass eine Katze sich sofort bei ihnen eingewöhnt. So läuft es nun einmal nicht – es dauert eben länger als nur ein paar Tage.« Wie sie mir weiter berichtete, war

Gemma einmal in eine Familie gekommen, wo es noch eine Katze und einen Hund gab, vor denen sie sich sehr fürchtete. Daraufhin wurde sie im Handumdrehen zurückgebracht. Beim nächsten Mal war es das Gleiche. Die Familie gab ihr kaum Zeit zum Eingewöhnen, sondern beschloss sofort, dass Gemma nicht die richtige Katze für sie sei.

Nachdem Rosemary gegangen war, schwor ich mir, diesmal sollte die kleine Gemma Glück haben. Auf gar keinen Fall würde ich sie wieder weggeben. Nach und nach wurde sie zutraulicher, und als sie sich ein wenig eingelebt hatte, erzählte mir Rosemary mehr über sie. Mit von Dieselöl verschmiertem Fell war Gemma auf dem Hof einer Spedition gefunden worden. Die Arbeiter dort fütterten sie, doch sie war ein nervöses, verschrecktes kleines Ding. Weil sich die Männer Sorgen um sie machten, wandten sie sich schließlich an Rosemary. Möglicherweise war die Katze aus Versehen in einen der Lastwagen gesprungen, doch etwas Genaues über ihr Schicksal wusste man nicht. Ich hatte den Eindruck, sie sei eine Zeit lang auf sich selbst gestellt gewesen, denn sie war unglaublich aggressiv den anderen Katzen gegenüber und fauchte wie verrückt, besonders wenn es Futter gab. Offenbar glaubte sie immer, sie müsse sich ihre Nahrung erkämpfen.

Was die Eingewöhnung anging, war Gemma sogar im Vergleich zu Casper ein harter Brocken, denn es dauerte ein halbes Jahr, bis sie bei uns heimisch wurde. Doch da es für sie schon der dritte Versuch mit einem neuen Zuhause war, durften wir nicht aufgeben. Es wäre dem armen Ding gegenüber einfach gemein gewesen, es schon wieder abzuschieben. Andererseits befürchtete ich, die anderen Katzen könnten unter ihren ständigen Attacken leiden und womöglich sogar weglaufen. Aber nach einer gewissen Zeit zeigte die liebevolle Behandlung Wirkung, und Gemma entwickelte sich zu einer wunderbaren Katze. Nachdem wir sie gebürstet und ihrer Sauberkeit ein wenig auf die Sprünge geholfen hatten, stellte sich heraus, dass sie eine bildschöne Maine Coon war.

Ihre Lieblingsbeschäftigung bestand darin, sich draußen in der Wärme zu aalen – sie war eine richtige Sonnenanbeterin. Als ich das erste Mal mit ihr beim Tierarzt war, riet er mir allerdings dringend, sie vor der prallen Sonne zu schützen, da sie aufgrund ihrer weißen Fellanteile anfällig für Hautkrebs sei. Also beschaffte ich einen großen geblümten Sonnenschirm und spannte ihn im Garten über ihrem Lieblingsplatz auf. Er bot einen guten Schutz vor der Sonne, doch leider kroch sie häufig darunter hervor und legte sich woanders hin.

Nach einiger Zeit bemerkte ich an ihrem Ohr ein wenig Schorf, der nicht von einer Verletzung stammen konnte. Ich brachte sie erneut zum Arzt und erfuhr zu meinem großen Kummer, dass sie tatsächlich an Hautkrebs litt. Darüber hinaus hatte sie eine gerstenkornähnliche Geschwulst unter dem Auge, die ebenfalls bösartig war. Der Tierarzt operierte mit bewundernswertem Geschick die Stelle in ihrem Gesicht, musste ihr jedoch leider das Ohr amputieren. Trotzdem schritt die Krankheit fort, und innerhalb eines Monats begann Gemma, ständig im Kreis zu laufen. Der Tierarzt war der Meinung, dass sie an schrecklichen Kopfschmerzen litt und mit diesem Verhalten versuchte, sich ein wenig Linderung zu verschaffen.

Gemma suchte noch immer jedes noch so winzige Sonnenplätzchen auf, und erstaunlicherweise leistete ihr nun Clyde, der eigentlich kein Sonnenanbeter war, dabei Gesellschaft. Nie ließ er seine Freundin Gemma allein. Je schlechter es ihr ging, desto fürsorglicher verhielt er sich. Ich bin sicher, er wusste, wie krank sie war, und wollte sie trösten. Immer, wenn ich die beiden zusammen sah, hatte ich einen Kloß im Hals: Gemma, die zusehends schwächer wurde, und Clyde, der gewissenhaft bei ihr wachte. Wenn sie aufstand und ihre Kreise zu drehen begann, wartete er geduldig, bis sie sich müde gelaufen hatte und wieder zu ihm zurückkam. Seine Geduld und Fürsorglichkeit waren einfach rührend.

Mit der Zeit wurde ihr Im-Kreis-Laufen immer schlimmer, und mir war klar, dass ich eine Entscheidung treffen musste.

Im Grunde meines Herzens wusste ich, dass es besser wäre, sie einschläfern zu lassen. Als es schließlich so weit war, musste ich allein gehen, da Chris im Ausland unterwegs war. Ich habe diesen Gang jedes Mal allein antreten müssen, und es ist mir immer sehr schwergefallen. Viele Menschen sind der Meinung, Tiere hätten es gut. Wir treffen die Entscheidung für sie und helfen ihnen bei ihrem Weg über die Regenbogenbrücke. Ich kann diese Einstellung verstehen, aber der Verlust schmerzt dennoch.

Als die arme kleine Gemma für die tödliche Injektion vorbereitet wurde, hielt sie mir wie zum Abschied ihr Pfötchen hin. Ich weinte bitterlich, wie immer bei einem solchen Anlass – daran wird sich wohl nie etwas ändern. Da ich alle meine Katzen so liebe, geht mir ihr Tod furchtbar zu Herzen.

Ich glaube, ich tue das Richtige, wenn ich ihnen Schmerzen erspare, dennoch bin ich jedes Mal ein wenig traurig, weil es mir wie ein Verrat an meinen Tieren erscheint. Gemma war nicht die erste Katze, der ich diesen Dienst erweisen musste, und sie wird auch nicht die letzte sein. Ich konnte ihr nur Lebewohl sagen und versprechen, sie niemals zu vergessen und für jede Katze, die mir begegnet, alles zu tun, was in meiner Macht steht. Das zu meiner Lebensaufgabe zu machen, war mir eine Ehre.

10

Casper auf Abwegen

Einige Zeit später zogen wir von Frome nach Crewkerne, einen altertümlichen Marktflecken in Somerset. Leider lag unser neues Haus an einer viel befahrenen Straße, und da ich wusste, dass Casper gern herumstreunte, machte ich mir oft Sorgen. Hinzu kam, dass ich dort noch niemanden kannte und daher nicht einschätzen konnte, ob die Anwohner und Angestellten Casper gegenüber ebenso tolerant sein würden wie an unserem früheren Wohnort. Er war sehr zutraulich und davon überzeugt, dass alle Menschen es gut mit ihm meinten. Ich dachte mit Schaudern daran, was geschähe, wenn er einmal an den Falschen geriet. Doch ich konnte nur hoffen, dass mein lieber Kater niemals seine Illusionen verlieren würde.

Casper war ganz versessen darauf, über die Straße zu laufen, die an unserem Haus vorbeiführte. Ich konnte mir das nicht erklären, denn auf der anderen Seite gab es überhaupt nichts Interessantes. Es schien fast, als triebe ihn seine angeborene Neugier dazu. Manchmal beobachtete ich vom Fenster aus, wie er knapp vor einem Auto über die Straße huschte. Im Grunde verhielt er sich genauso wie in Frome. Er entwischte, wann immer er konnte, und stürzte sich mitten ins Geschehen.

Dass er sich tagsüber draußen herumtrieb, war schon unangenehm genug, doch es kam noch schlimmer, als er anfing, auch nachts Ausflüge zu unternehmen. Es schien, als seien seine bisherigen Streifzüge so erfreulich verlaufen, dass er sie unbedingt noch ausdehnen wollte. Ich konnte nie sicher sein, ob er zu Hause war, wenn ich morgens aufstand. Mit der Zeit fand ich allerdings einige Anhaltspunkte dafür, wo er sich des Nachts aufhielt.

Hinter unserem Garten lag ein Gebäude, in dem früher einmal die Segel für die HMS *Victory,* Admiral Nelsons berühmtes Flaggschiff, gefertigt worden waren und in dem heute Büros untergebracht waren. Eines Tages unterhielt ich mich mit einer Dame, die dort arbeitete. Während wir noch redeten, sah ich, wie Casper zielstrebig auf das Bürohaus zusteuerte.

»Ach, da kommt ja Casper«, bemerkte die Dame, worauf ich sie erstaunt ansah.

»Woher kennen Sie ihn?«, erkundigte ich mich.

»Er ist dauernd bei uns im Büro«, antwortete sie. »Er ist unser kleines Maskottchen.«

Sieh mal einer an, dachte ich.

»Jeder will mit ihm schmusen und ihm ein Leckerchen geben, wenn er vorbeischaut«, fuhr sie fort. »Manchmal bleibt er den ganzen Tag über, dann sind die Mädchen im Büro ganz hin und weg.«

Na, da hatte Casper ja nicht lange gebraucht, um seine alten Gewohnheiten wieder aufzunehmen. Eine Apotheke oder Arztpraxis gab es hier zwar nicht, doch auch so verstand er es, sich in den Mittelpunkt zu drängen. Dabei war er, wie ich erfuhr, sehr beliebt bei den Angestellten, brachte er doch Abwechslung in ihren eintönigen Büroalltag. Und so war die allgemeine Enttäuschung groß, wenn er einmal nicht erschien.

Das Bürogebäude war nicht sein einziges Ziel. Ein Stück weiter in unserer Straße wohnte eine Familie, die, wie ich von anderen Nachbarn erfuhr, Casper regelmäßig ins Haus lockte. Ich fand das ein wenig befremdlich, schließlich zeigte seine Namensplakette deutlich, dass er nicht herrenlos war. Aber vielleicht konnten die Leute ebenso wenig wie ich widerstehen, wenn eine Katze zu Besuch kam. Bei diesem speziellen Kater erschien es mir allerdings problematisch, weil er dann womöglich noch länger von zu Hause fortblieb. Also fasste ich mir ein Herz und ging zu den Leuten, um mit ihnen zu reden – und wen, glauben Sie, fand ich dort behaglich in einem Körbchen am Kamin liegend vor?

Die Frau des Hauses hatte es eigens für ihn gekauft. Als ich sie fragte, ob sie den Kater für einen Streuner hielt, gestand sie mir, sie wisse sehr wohl, dass er mir gehörte. Ich hatte den Eindruck, es würde auf ein regelrechtes Tauziehen um Casper hinauslaufen. Dabei standen meine Chancen gut, da die andere Dame hochschwanger war. Ich bat sie, es dem Kater in ihrem Haus nicht so gemütlich zu machen, denn Casper war zwar ein durchaus intelligenter Kater, aber der Umzug und die neue Umgebung waren schon verwirrend genug für ihn, auch ohne dass ihn fremde Leute in ihr Haus lockten. Daher bat ich sie höflich, es zu unterlassen und Casper beim nächsten Mal freundlich, aber bestimmt nach Hause zu schicken.

Casper hörte nicht auf herumzuwandern, und ich nahm an, dass er es sich noch immer in dem fremden Körbchen gemütlich machte, aber ich wollte die Frau, die es doch nur gut mit ihm meinte, nicht weiter behelligen. Dennoch machte ich mir gerade wegen dieser Ausflüge große Sorgen – vielleicht war es eine Art sechster Sinn.

Eines Tages im März 2005 bekam Casper wie immer sein Frühstück und lief zehn Minuten später nach draußen. Soweit ich wusste, spazierte er zu dem Parkplatz neben dem Bürohaus, von wo er häufig über eine Mauer in den Garten der Familie sprang, die ihm den Korb gekauft hatte. Doch statt sich dort den Tag über aufzuhalten, war er schon eine Stunde später wieder da. Ich war in der Küche und räumte gerade den Frühstükkstisch ab, als ich ein sonderbares Schnüffeln wie von einem Igel hörte. Ich öffnete die Hintertür, und da stand mein Casper, blutüberströmt.

Sein Gesicht war kaum noch zu erkennen. Auf der Stelle schnappte ich ihn mir und eilte mit ihm zum Tierarzt. Die Diagnose war schlimm, aber es hätte noch schlimmer kommen können. Er war offensichtlich von einem Auto angefahren worden und hatte zwar keine Knochenbrüche davongetragen, aber schwere Prellungen an Mund und Kiefer erlitten. Er hatte Glück, dass er noch am Leben war. Wegen seiner Wunden und da er noch immer unter Schock stand, sollte er über Nacht im Haus bleiben.

Für den Rest seines Lebens behielt Casper eine dunkle Narbe an der Unterlippe zurück und tropfte beim Essen und Trinken immer ein wenig aus dem Maul. Außerdem musste ich aufpassen, dass sich seine Lippe nicht entzündete. Mir drängte sich der Gedanke auf, dass er mit diesem Unfall, bei dem er nur mit Glück davongekommen war, eines seiner neun Leben aufgebraucht hatte. »Ach Casper«, flüsterte ich ihm eines Nachts zu, als er wohlbehalten zu Hause war. »Du wirst mir immer schlaflose Nächte bereiten, wie? Solange ich dich habe, mein Junge, werde ich wohl nicht zur Ruhe kommen.«

Wieder ging ich zu den Nachbarn, die Casper so gern besuchte, und bat die Dame, ihn nicht mehr zu ermutigen. Dabei war mir völlig klar, dass wir ihn beide schwerlich von seinen Besuchen abhalten konnten, wenn er fest dazu entschlossen war. Doch weil ich annahm, dass er auf dem Weg zu dem behaglichen Körbchen angefahren worden war, hatte ich große Angst um ihn. Zu meiner Erleichterung versprach die Nachbarin, ihren kleinen Gast nicht mehr ins Haus zu lassen, auch wenn er sie noch so flehend anschaute.

Wie ich schon befürchtet hatte, machte uns Casper bald einen Strich durch die Rechnung. Bestimmt wunderte er sich sehr, dass man ihm erst ein schönes Plätzchen anbot und ihm dann die Tür vor der Nase zuschlug, doch er fand rasch eine Lösung. Ich entdeckte, dass er nun auf das schräge Dach des Hauses kletterte und von dort aus durch das ständig geöffnete Badezimmerfenster einstieg. Erst als die Frau bereits ihr Baby hatte und eines Tages Cassie im Wäscheschrank fand, unternahm sie ernsthafte Anstrengungen, ihn fernzuhalten, und er musste sich schließlich geschlagen geben.

Einen Unterschlupf mochte Casper verloren haben, aber ihm blieb ja noch das Bürohaus mit den netten Damen. Hin und wieder sah ich ihn im Vorbeigehen auf der Mauer in der Sonne liegen, umgeben von Bewunderern, die ihn tätschelten.

Noch immer unter dem Eindruck seines Unfalls druckte ich eine Menge Handzettel und verteilte sie in den umliegenden Büros. Darauf bat ich die Angestellten, darauf zu achten, dass Casper nicht über Nacht in einem Büro eingeschlossen wurde. Zugleich wollte ich ihnen zu verstehen geben, dass er ein gutes Zuhause besaß, damit keiner auf die Idee käme, ihn mitzunehmen. Der Text lautete folgendermaßen:

BITTE UM MITHILFE!
Vielleicht ist Ihnen bereits auf dem Parkplatz oder in einem der Büros ein schwarz-weißer Kater aufgefallen. Er heißt Casper und trägt ein Halsband mit zwei Marken daran. Casper ist sehr zutraulich und blitzschnell. Daher meine Bitte an Sie: Achten Sie darauf, dass er nicht über Nacht eingesperrt wird. Wir lieben ihn sehr und wären Ihnen dankbar, wenn Sie uns helfen, auf ihn achtzugeben.
Vielen Dank!

Wo wir auch wohnten, stets sorgte Casper für Probleme, und ich musste fremde Leute bitten, ein Auge auf ihn zu haben. In manchen Fällen taten sie das bereitwillig, doch manchmal nahmen sie es mir, wie ich im Nachhinein erfuhr, übel und behaupteten, ich spannte andere ein, statt selbst auf meine Katze aufzupassen. Dabei war das niemals meine Absicht.

Nicht nur draußen trieb Casper Unfug. Ich erinnere mich an ein Weihnachtsfest, an dem ich bereits das Essen für den zweiten Feiertag vorbereiten wollte. Ich holte also Schweinekoteletts und Würstchen aus der Kühltruhe und legte sie zum Auftauen in die Küche, ohne in der Hektik auf Casper zu achten. Irgendwie gelang es ihm, unbemerkt am Fleisch zu knabbern. Aus Angst, das kalte, rohe Fleisch könnte ihm schaden, briet ich sofort alles und servierte es am nächsten Tag den Katzen als Weihnachtsmahl. Wahrscheinlich haben die anderen Casper überhaupt erst angestachelt!

Immer wenn ich Würstchen briet, tauchte er wie aus dem Nichts auf, sobald das Fleisch in der Pfanne brutzelte, hockte sich neben mich und sah mir gebannt zu, als sei er halb verhungert. Mit dieser Taktik hatte er immer Erfolg. Manchmal, wenn Chris unterwegs war, aß ich mein Abendbrot vor dem Fernseher. Wenn ich zu gebannt auf den Bildschirm schaute, kam es mehr als einmal vor, dass eine kleine Pfote nach meinem Teller langte und sich flink und lautlos ein Häppchen herunterzog.

Casper fraß alles, was nicht für ihn bestimmt war. Einmal, nach ihrer Rückkehr von einer langen Fahrt, beschlossen Chris und sein Freund Martin, sich eine Portion Fish and Chips zu gönnen. Chris und ich waren gerade in der Küche, und als Martin von einem kurzen Gang ins Bad zurückkam, hatte Casper die Gelegenheit genutzt und sich an seinem Essen gütlich getan. Zufrieden hockte er mitten in den Pommes frites und leckte sich die Lippen.

Ich frage mich, ob der Grund für Caspers Fressgier in seiner Vergangenheit lag, als er vielleicht nie wusste, wann es wieder etwas geben würde. Daher ließen wir ihm auch so viel durchgehen. Das galt nicht nur für mich. Jedes Mal, wenn Chris nach Hause kam, brachte er ein Stück Blauschimmelkäse für Casper mit. Wir gönnten ihm jeden Bissen, und ich wäre überglücklich, wenn ich ihn noch einmal mit Leckereien verwöhnen dürfte.

Caspers zweite große Leidenschaft neben dem Essen waren elektronische Geräte. Er war eben ein typischer Junge. So nekkte ich ihn öfter mit der Fernbedienung für den DVD-Spieler. Ich drückte auf die Taste, die kleine Schublade für die DVD kam herausgefahren, und Casper, der dicht vor dem Gerät lauerte, versuchte, sie mit der Pfote zu erhaschen. Kaum hatte er sie berührt, ließ ich sie wieder verschwinden. Dann saß er da, mit schief gelegtem Kopf, und schaute verdattert drein. Stundenlang konnte er so sitzen und zusehen, wie die Schublade auf- und zuging. Manchmal fiel ihm der Videorekorder ein, der direkt daneben stand, und dann ging er zur Abwechslung hinüber und schob seine Pfote in den Schlitz für die Kassette. Doch bald darauf nahm er seinen Posten vor dem DVD-Spieler wieder ein. Vielleicht sollten wir alle wieder lernen, uns an einfachen Dingen zu erfreuen – Casper jedenfalls konnte das ganz wunderbar.

11

Liebe und Leid

Wie alle Tierhalter liebte auch ich die kleinen Marotten meiner Vierbeiner. Ich habe mich oft gefragt, ob ich mir deshalb immer wieder neue Katzen anschaffte, um die Lücke zu schließen, die der Tod eines Tieres jedes Mal hinterließ. Selbstverständlich sind alle Katzen unterschiedlich, und keine kann eine andere ersetzen, doch von all den verschiedenen Katzenpersönlichkeiten, die ich im Laufe der Jahre kennengelernt habe, hat jede einzelne mein Leben bereichert. Besonders Casper mit seinen lustigen Eigenheiten gab uns sehr viel.

Wenn so ein neues Familienmitglied von seinen Vorbesitzern schlecht behandelt wurde, bin ich immer besonders froh und dankbar, ihm für den Rest seines Lebens ein Dasein voller Liebe und Behaglichkeit bereiten zu können. Es gibt viele gute Menschen auf der Welt, doch die Grausamkeit einiger weniger kann schreckliche Folgen haben. Ohne hier allzu ausführlich auf solche Dinge einzugehen, möchte ich doch eine Geschichte erzählen, die mir besonders zu Herzen ging und mich noch weiter anspornte, Katzen in Not zu helfen.

Eines Tages hörte ich ein Jammern an der Hintertür. Als ich öffnete, saß ein erbärmlich dürres Knochenbündel von einer Katze davor. »Hör dir das an!«, rief ich Chris zu. »So wie die jault, sollten wir sie Bob Marley nennen!«

Ich wollte die Katze nicht so ohne Weiteres hineinlassen, weil ich nicht wusste, wie die anderen reagieren würden, aber nachdem sie sich eine Weile in unserem alten Grill verkrochen hatte, holten wir sie doch ins Haus. Bob Marley war offensichtlich sehr krank. Irgendetwas stimmte nicht mit ihr, aber ich kam nicht dahinter, was. Deswegen brachte ich sie zum

Tierarzt, nachdem sie schon eine Weile bei uns gelebt hatte. Er stellte fest, dass sie Nierenprobleme hatte, und gab zu bedenken, dass sie vielleicht jemandem gehörte und bereits Medikamente bekam.

Also nahm ich eine große Papptafel und schrieb darauf, dass uns eine Katze zugelaufen sei. Ich beschrieb ihr Aussehen und bat den Besitzer, sich bei uns zu melden. Dann stellte ich das Plakat am Anfang der Sackgasse, in der wir damals wohnten, auf. Ich hielt es für die richtige Entscheidung, denn es war ja möglich, dass jemand diese kranke Katze vermisste. In diesem Fall würde ich sie sofort zurückgeben.

Ein paar Tage später klopfte es an der Tür. Draußen stand ein Junge, der grußlos herausplatzte: »Das ist unsere Katze, und meine Mum will sie sofort wiederhaben. Geben Sie sie her.« Ich fragte ihn, ob er wisse, dass sie krank sei, aber er zuckte nur mit den Achseln und wiederholte seinen Spruch: Ich solle sie zurückgeben, und zwar sofort. Obwohl es in Strömen regnete, setzte ich Bob Marley in einen Korb und begleitete den Jungen zu seinem Haus. Er drückte energisch die Haustür auf, ging hinein und ließ mich triefnass, den Katzenkorb in der Hand, draußen stehen.

Kurz darauf erschien seine Mutter an der Tür und riss mir den Korb aus der Hand. »Entschuldigung, aber das ist mein Korb«, sagte ich, obwohl es ja offensichtlich war. Daraufhin starrte sie mich nur an, öffnete den Korb, schüttelte Bob Marley unsanft heraus und hielt mir den leeren Korb hin. Ich wiederholte noch einmal, was ich bereits ihrem Sohn gesagt hatte – dass die Katze krank sei und ich Medikamente besorgt hatte. Sie blieb stumm.

Auf dem Heimweg mischten sich meine Tränen mit den Regentropfen, und ich hatte das Gefühl, eine falsche Entscheidung getroffen zu haben. Zwar gehörte uns die Katze nicht, aber was für ein Leben führte sie wohl bei Menschen, denen sie offensichtlich gleichgültig war? Ich hingegen hätte sie nur zu gern aufgenommen und gepflegt. Nachdem ich mich ein paar

Stunden lang ausgeweint hatte, fühlte ich mich ein wenig besser, und ich beschloss, noch einmal zu der Familie zu gehen und sie freundlich daran zu erinnern, dass Bob Marley wegen ihrer Nierenprobleme ärztliche Behandlung benötigte. Da sie die Katze zurückverlangt hatten, war ihnen vielleicht doch ein wenig an ihr gelegen. Doch noch bevor ich bei dem Haus angelangt war, hörte ich schon Bob Marleys eigenartiges Jaulen. Pitschnass saß die Kleine im Regen und jammerte – sie hatten sie einfach ausgesperrt. Ich kauerte mich neben sie und streichelte sie, wohl wissend, dass ihre Besitzerin mich vom Fenster aus beobachtete. Da Bob Marley nun einmal nicht meine Katze war, konnte ich nichts weiter für sie tun und ging schweren Herzens nach Hause. Ich sah Bob Marley nie wieder.

Als Katzenhalter muss man oft großen Kummer ertragen. So auch im Fall von Bonnie, die, wie man sich denken kann, die Schwester von Clyde war, der sich so rührend um die kranke Gemma gekümmert hatte. Bonnies Lieblingsbeschäftigung bestand darin, sich in möglichst enge Verstecke zu zwängen, ganz gleich, wie schwer es ihr fiel oder wie unbequem sie es darin hatte. Sobald sie einen Korb oder einen Karton erblickte, rannte sie hin, kroch hinein und drehte sich so lange um die eigene Achse, bis sie eine erträgliche Position gefunden hatte. Sogar Behälter, die deutlich kleiner waren als sie selbst, schreckten sie nicht ab, und sie quetschte sich entschlossen hinein, selbst wenn dabei ihr Hinterteil keinen Platz mehr fand und in die Luft ragte.

Dabei plapperte Bonnie unablässig vor sich hin, als beklagte sie sich darüber, wie umständlich das doch alles sei, oder als wollte sie sich selbst gut zureden, dass es tatsächlich möglich war, die Naturgesetze zu überwinden. Auch wenn sie einmal nicht ihrer Lieblingsbeschäftigung nachging, quasselte sie unablässig. Während ich beim Putzen oder Aufräumen durchs Haus lief, diskutierte sie mit mir, und wenn ich nicht reagierte, zwickte sie mich nachdrücklich in die Hand. »He, ich rede mit dir!«, sollte das wahrscheinlich heißen. Ich lachte darüber, denn ich liebte ihre Art und fand es immer sehr amüsant zu sehen, wie sie stundenlang versuchte, sich in einen Winkel zu zwängen, aus dem sie gerade erst herausgekrochen war.

Katzen sind ebenso Individuen wie Menschen, und zu jeder einzelnen entwickelt man eine besondere Beziehung. So hing Chris vor allem an Bonnie, Clyde und Jack. Bonnie und Clyde suchten ihn immer, wenn er mit dem Lastwagen unterwegs war. Ging er fort, so liefen ihm beide Katzen nach – eine zur Haustür, die andere zur Hintertür hinaus. Die beiden Tiere standen sich sehr nahe, was bei Katzengeschwistern nicht selbstverständlich ist.

Durch Bonnies ständiges Geplauder wusste man immer, wo sie war. Eines schrecklichen Morgens jedoch, nachdem Chris zur Arbeit gegangen war, fiel mir auf, dass ich Bonnie schon seit einiger Zeit nicht mehr gehört hatte. Daraufhin suchte ich stundenlang nach ihr und fragte in jedem Geschäft in der Umgebung nach, ob sie meine wunderschöne Katze gesehen hätten. So kam ich auch zu einem Zeitschriftenladen und begegnete zufällig dem jungen Burschen, der die Zeitungen austrug. Ich hatte zwar kein Foto von Bonnie dabei (seitdem liegen sicherheitshalber immer Bilder von all meinen Katzen griffbereit auf der Arbeitsplatte in der Küche), doch ich beschrieb sie ihm genau.

Er sah mich bekümmert an und sagte: »O nein … So eine Katze habe ich gerade gesehen.«

»Wo? Was ist mit ihr passiert?«, fragte ich bang.

Die Antwort ahnte ich bereits: »Es tut mir so leid«, murmelte er, »sie lag im Rinnstein vor dem Friseursalon.«

Der Friseur stand als Nächster auf meiner Liste. Ich lief hin, fand jedoch nichts im Rinnstein. Als ich den Salon betrat und die Friseurin nach Bonnie fragte, teilte sie mir mit, sie habe bei der Gemeinde angerufen, damit die tote Katze abgeholt wurde. Ich war sicher, dass es sich um Bonnie handelte.

Plötzlich und unerwartet eine Katze zu verlieren, tut unsagbar weh, und man macht sich endlos Vorwürfe. Hätte ich sie doch heute Morgen nicht hinausgelassen. Wäre doch Chris nicht weggefahren, dann wäre sie ihm nicht nachgelaufen. Hätte sie doch bloß eine andere Richtung eingeschlagen. Wenn sie nicht zur falschen Zeit am falschen Ort gewesen wäre, dann könnte Bonnie noch immer bei mir sein und mir etwas vorplappern, während sie in die Obstschale kriecht.

Kaum zu Hause angekommen, rief ich bei der Gemeinde an und fragte, ob man eine tote Katze gefunden habe. Als mein Gesprächspartner das bejahte, bat ich ihn nachzusehen, ob sie ein Halsband mit einer Namensplakette trug.

Kurze Zeit später war er wieder da und sagte: »Auf dem Schildchen steht *Bonnie.* Es tut mir leid – ist es Ihre Katze?«

Unter Tränen bejahte ich und erkundigte mich, was sie nun mit ihr machen würden. Nach kurzen Zögern antwortete er: »Das Gleiche, was wir immer mit ihnen machen.«

»Und das wäre?«, zwang ich mich zu fragen.

»Tut mir leid, aber wir bringen sie zur Tierkörperbeseitigung.«

Ich hätte schreien können.

Was für ein vergeudetes Leben, so jung und auf so schreckliche Art zu sterben! »Nein!«, schrie ich, der Panik nahe. »Bitte, bitte nicht! Ich kann nicht Auto fahren, aber ich nehme mir ein Taxi und komme auf dem schnellsten Weg zu Ihnen. Ich muss mich von ihr verabschieden und dafür sorgen, dass sie mit Würde behandelt wird.«

Zum Glück war er ein sehr netter Mensch, den mein Kummer offensichtlich rührte. »Das ist nicht nötig, meine Liebe«, sagte er. »Ich bringe sie Ihnen.« Er notierte sich meine Anschrift und versprach, so bald wie möglich zu kommen.

Als er mir Bonnie dann brachte, brauchte ich eine Weile, bis ich den Mut fand, sie anzusehen. Doch ihr Anblick war erstaunlicherweise gar nicht so schlimm, denn sie hatte keine äußeren Verletzungen und sah aus, als schliefe sie.

Sobald ich mich ein wenig gefasst hatte, rief ich beim Tierarzt an und fragte, ob ich ihm Bonnie zur Einäscherung bringen dürfe. Es war der letzte Liebesdienst, den ich Bonnie und allen anderen geliebten Katzen erweisen konnte. Noch nie habe ich eine von ihnen im Garten begraben, aus einem Grund, der vielleicht albern erscheinen mag: Da wir so oft umziehen, blieben dann all die kleinen Seelen zurück, die uns im Laufe unseres Lebens begleitet haben, und ich hätte das Gefühl sie – noch einmal – im Stich zu lassen. Ich denke, es ist besser, Art und Zeitpunkt des unvermeidlichen Abschieds im Voraus festzulegen … und ich hoffe, dass wir uns eines Tages wiedersehen. Ich liebe meine Tiere und bin für sie da, so gut ich kann, doch der Verlust ist oft schwer zu verkraften.

12

Casper und seine Stadt

Bis zu unserer Heirat hatte Chris sein ganzes bisheriges Leben lang an ein und demselben Ort gewohnt. Es muss daher ein ziemlicher Schock für ihn gewesen sein, als ihm klar wurde, dass ich am liebsten jeden Monat umgezogen wäre. Vielleicht liegt es daran, dass ich schon als kleines Kind entwurzelt wurde, jedenfalls fühle ich mich nirgends richtig zu Hause, kein Ort zieht mich wirklich an, und ich habe niemals das Gefühl, irgendwo für immer bleiben zu wollen. In jedem Heim, das Chris und ich uns geschaffen haben, habe ich mich wohlgefühlt, ohne mich jedoch allzu sentimental daran zu binden. Meiner Ansicht nach kann man es sich überall heimelig machen, und ein schönes Zuhause ist keine Frage von Backstein und Mörtel. Solange ich meine Katzen um mich habe, bin ich glücklich.

Obwohl meine Kinder längst erwachsen sind und bereits selbst Kinder haben, sehnt sich ein Teil von mir noch immer danach, das vollkommene Heim zu schaffen – nur dass ich es jetzt für meine Kätzchen tue. So überraschte es niemanden, als ich die Absicht äußerte, mich nach einer neuen Bleibe umzusehen, da mir der Sinn nach einem Tapetenwechsel stand. Wieder einmal war also ein Umzug fällig, und diesmal ging es nach Plymouth. Chris und ich konnten ja nicht wissen, dass es dort eine unserer Katzen zu internationaler Berühmtheit bringen würde.

Casper zog mit uns an diesen Ort, der in besonderem Maße die englische Mentalität und Tradition verkörpert, denn die schöne Stadt Plymouth, deren Name sich vom östlich gelegenen Fluss Plym ableitet, blickt auf eine mehr als tausendjährige

Geschichte zurück, die bis in die sächsische Zeit reicht. Zwischen einer Heidefläche im Norden und dem Ärmelkanal im Süden gelegen, bildete die Stadt, die von mehreren Flüssen durchzogen wird, sozusagen die Nahtstelle zwischen Land und Wasser.

Bereits im Domesday Book von 1086 finden sich Hinweise auf Ansiedlungen an der Mündung des Plym. Eines der dort erwähnten Gehöfte mit Namen Sudtone entwickelte sich im Laufe der Zeit zu Sutton Harbour, das später den Kern des mittelalterlichen Plymouth bildete. Beinahe achthundert Jahre lang spielte der Ort eine bedeutende Rolle als Handelshafen. 1254 wurden ihm vom König die Stadtrechte verliehen. Als erste Stadt in England erhielt Plymouth dann 1439 die Bestätigung dieser Rechte durch eine Parlaments-Charta.

Der Handel blühte europaweit, doch natürlich gab es auch schwere Zeiten. Als die Stadt im Zuge der häufigen Kriege gegen Frankreich angegriffen wurde, entstanden Befestigungsanlagen, die zum Teil bis heute erhalten sind. Plymouth verdankt sein Wachstum seiner Rolle als Seehafen, Handelsstadt und militärischem Stützpunkt. Von dort lief 1588 die englische Flotte aus, um die spanische Armada zu besiegen, und Sir Francis Drake stach von Plymouth aus zur ersten Weltumsegelung in See. Der Legende nach soll Drake erst noch ein Bowls-Spiel beendet haben, als die Armada bereits durch den Ärmelkanal heranzog. Von Plymouth aus stachen auch die Pilgerväter im Jahr 1620 auf der *Mayflower* in See, um der religiösen Verfolgung zu entgehen und in der neuen Welt ein eigenständiges Gemeinwesen zu gründen.

Über Jahrhunderte hinweg ist die Geschichte der Stadt von Abenteurer- und Entdeckergeist geprägt, und ich könnte mir vorstellen, dass Casper deshalb dort so geliebt wurde. Auch wenn er eigentlich nicht aus Plymouth stammte, passte sein Charakter doch gut zu dieser schönen alten englischen Stadt.

Nach langer Suche fanden wir ein Haus, das uns gefiel. Es lag in St Budeaux, einem Bezirk im Nordwesten von Plymouth, der nach Saint Budoc, einem Bischof aus der Bretagne, benannt ist. Er gründete um das Jahr 480 dort eine Siedlung und errichtete eine kleine Kirche, deren Nachfolgebau ihm später geweiht wurde. Bei der Eroberung Englands durch die Normannen im Jahr 1066 geriet auch dieses Dorf unter normannische Herrschaft. Wie viele heutige Bezirke von Plymouth wird auch St Budeaux – unter dem Namen Bucheside – im Domesday Book erwähnt. Der Wert des Dorfes wird mit dreißig Schillingen angegeben – zur damaligen Zeit eine bedeutende Summe. Im Laufe der folgenden Jahrhunderte änderte der Ort noch mehrmals seinen Namen. Im sechzehnten Jahrhundert gelangte er zu einiger Berühmtheit, als Sir Francis Drake eine Frau heiratete, die aus der Gegend stammte und nach ihrem Tod auf dem örtlichen Kirchhof bestattet wurde.

Während des englischen Bürgerkrieges im 17. Jahrhundert schlugen sich St Budeaux und die umliegenden Dörfer auf die Seite der Parlamentsanhänger, woraufhin die Dorfkirche von Royalisten aus dem benachbarten Cornwall angegriffen wurde. Sie besetzten die Kirche, die gegen Ende des Krieges fast völlig zerstört und erst viele Jahre später wiederaufgebaut wurde.

Die Gemeinde wuchs weiter und erlebte einen besonders starken Aufschwung, als im 19. Jahrhundert zahlreiche Fernstraßen und die Royal Albert Bridge gebaut wurden. Nachdem St Budeaux im Jahr 1899 mit der Stadt Devonport verschmolzen war, wurden die Gemeinde und die umliegenden Dörfer zu Beginn des Ersten Weltkriegs der Stadt Plymouth zugeschlagen. Da viele Häuser den Bomben des Zweiten Weltkriegs zum Opfer fielen, kam es nach dem Krieg zu umfangreichen Neubaumaßnahmen. Überall in der Gegend wurden Häuser für ehemalige Soldaten errichtet. Mit seinen Wohnvierteln, Geschäften, Schulen und Gemeindezentren ist St Budeaux heute ein Ort wie viele andere in England – ohne besondere Merkmale.

Diese Durchschnittlichkeit ist meiner Ansicht nach auch ein Grund dafür, dass die Menschen dort Casper so mochten. Hätten sie sich ebenso sehr für ihn interessiert, wenn er die verhätschelte Rassekatze eines Landedelmannes gewesen wäre? Ich glaube nicht. So hübsch und beliebt er auch gewesen sein mag, Casper war doch eine Allerweltskatze. Ein ganz gewöhnlicher kleiner Kater, der die Menschen an ihre eigene Katze daheim erinnerte. Ich stelle mir gern vor, wie sie über die Geschichte von Casper, dem Bus fahrenden Kater, lachen und plötzlich nachdenklich werden und sich fragen, was ihre eigene Mieze eigentlich den ganzen Tag so treibt.

Casper war etwas Besonderes und zugleich eine ganz normale Katze, und seine Eskapaden waren vielleicht deshalb so amüsant, weil man der eigenen Katze ähnliche Streiche zutraute. Darin lag Caspers ganz spezieller Charme. Die Menschen liebten ihn, weil er sie daran erinnerte, was ihre eigenen – gegenwärtigen oder früheren – Katzen alles angestellt hatten.

Doch als wir in unser neues Haus an der Poole Park Road zogen, lag das alles noch vor mir – und vor Casper. Ich konnte ja nicht wissen, dass Casper und Plymouth wie füreinander geschaffen waren und wie sehr die Stadt ihn ins Herz schließen würde. Ich packte die Umzugskartons aus, kümmerte mich um meine Katzen, machte mich mit den Nachbarn bekannt und ahnte nicht, was auf mich zukam.

Ich fand eine Stelle in einem Altenpflegeheim, und da ich noch immer keinen Führerschein besaß, musste ich mit dem Bus zur Arbeit fahren. Praktischerweise gab es direkt auf der anderen Straßenseite eine Haltestelle. Mir war aufgefallen, dass Casper häufig über diese belebte Straße lief, aber daran konnte ich leider nichts ändern. Ich nahm mir vor, ihn, wenn ich frei hatte, zu beaufsichtigen und ihn nicht herumstreunen zu lassen, doch wenn ich arbeiten musste, blieb er sich selbst überlassen. Und da es mir ohnehin noch nie gelungen war, ihn gegen seinen Willen im Haus zu halten, konnte ich ihn lediglich hereinholen, bevor ich ging.

Ich habe mich immer viel mit meinen Katzen unterhalten, und so ermahnte ich Casper jeden Tag zur Vorsicht in der

Hoffnung, dass er es eines Tages begreifen würde. »Also, Cassie«, schärfte ich ihm ein, »da draußen auf der Straße fahren viele Autos, und außerdem kennst du dich hier noch nicht aus. Wenn es nach mir ginge, würdest du gar nicht rausgehen, aber ich weiß ja, dass du nicht auf mich hörst. Ich kann also nur hoffen, dass du dich wenigstens vorsiehst. Pass immer schön auf den Verkehr auf und lauf nur hinüber, wenn kein Auto kommt.«

Dann schaute er mich immer an, als mache er sich über mich lustig – nicht, weil ich mit einer Katze redete, sondern weil ich auf die Idee kam, dass er mir gehorchen könnte. Er war ein freier Kater, der wanderte, wohin es ihm gefiel. Warum um alles in der Welt sollte er auf meine Wünsche Rücksicht nehmen? Doch ich redete ihm weiterhin gut zu in der Hoffnung, er werde meine Warnungen irgendwann beherzigen.

Im Sommer 2009 war ich einmal ein wenig spät dran. Ich hatte morgens länger als sonst gebraucht und musste mich daher beeilen. Ich raffte also meine Siebensachen zusammen und wollte mich auf den Weg zur Arbeit machen. Der Bus konnte jeden Augenblick da sein, aber Casper wollte einfach nicht ins Haus kommen. »Casper, Casper!«, rief ich, wohl wissend, dass er sich unter irgendeinem Busch versteckte, sobald ich nach ihm Ausschau hielt. »Nun komm doch endlich!« Ich wurde immer verzweifelter, denn ich hatte Angst, er könnte mir folgen, wenn er mich fortgehen sah.

Doch es war zwecklos. Er wollte einfach nicht hereinkommen, und so musste ich ihn schweren Herzens draußen lassen, bis ich wiederkam. Es wurde immer später, und ich fürchtete, den Bus zu verpassen. Als ich die Haustür hinter mir zuzog, sah ich ihn auch schon kommen – und im gleichen Augenblick entdeckte ich Casper, der mich mit seinen funkelnden Katzenaugen anblickte. Es wird mir ein ewiges Rätsel bleiben, wie er es schaffte, sich genau so lange zu verstecken, bis ich keine Zeit mehr hatte, ihn ins Haus zu holen, doch irgendwie war es ihm wieder einmal gelungen. Ich war hin- und hergerissen. Sollte ich – wahrscheinlich wieder vergeblich – versuchen, ihn einzufangen, und dafür zu spät zur Arbeit kommen, oder mich sofort auf den Weg machen? Ich entschied mich für das Letztere. Casper sah mir interessiert nach, als ich über die Straße lief.

Ich sprang in den Bus, kaum, dass er zum Stehen gekommen war, und bat den Fahrer: »Könnten Sie bitte schnell losfahren?«

»Warum? Was ist denn?«, fragte er.

»Ich bin etwas in Sorge wegen meines Katers«, erklärte ich. »Er läuft so gern über die Straße, und jetzt beobachtet er mich gerade. Es wäre schrecklich, wenn er mir folgte.«

»Ach, tatsächlich?«, fragte der Fahrer lächelnd.

»Ja, also bitte, machen Sie schnell.«

Mit diesen Worten setzte ich mich auf den Platz hinter dem Fahrer, jedoch wohlweislich auf der anderen Seite des Busses, wo Casper mich nicht sehen konnte. Doch der Fahrer machte keine Anstalten loszufahren. Als ich zu ihm hinsah, bemerkte ich, dass er noch immer lächelte. Mit bangem Blick spähte ich aus dem Fenster nach Casper.

Endlich sagte der Fahrer lachend: »Das Einzige, weswegen Sie sich sorgen müssen, ist, dass Sie auf seinem Platz sitzen.«

Das muss ein Scherz sein, dachte ich und fragte: »Wollen Sie mich auf den Arm nehmen?«

»Nein«, erwiderte er, noch immer grinsend. »Sie wohnen doch da drüben auf der anderen Straßenseite, oder?« Ich nickte. »Und Sie haben einen wuscheligen schwarz-weißen Kater?« Wieder nickte ich. »Na, dann will ich Ihnen mal was verraten. Er fährt leidenschaftlich gern mit dem Bus, und er sitzt mit Vorliebe auf diesem Platz. Dort hält er auf seinem täglichen Ausflug immer ein Nickerchen.«

Das musste er mir näher erklären.

»Mein Kater – Casper – fährt mit dem Bus? Er springt auf einen Sitz und schläft dort während der Fahrt?«

»Nein, ganz so ist es nicht«, entgegnete der Fahrer, als ich schwieg. »Er schläft nicht immer. Manchmal schaut er auch aus dem Fenster, setzt sich auf eine Lehne oder springt jemandem auf den Schoß.«

»Und was sagen die anderen Fahrgäste dazu?«, fragte ich.

»Sie stören sich nicht an ihm. Warum auch? Er macht keine Schwierigkeiten – im Gegensatz zu manchen Leuten, die ich sonst so im Bus habe. Allerdings löst er nie eine Fahrkarte«, fügte der Fahrer lachend hinzu.

Ich dachte immer noch, er wolle mich verschaukeln. Schließlich müsste ich es doch merken, wenn mein Kater mit dem Bus fuhr – oder etwa nicht?

Auf dem ganzen Weg zur Arbeit schwirrte mir der Kopf. Vielleicht war wirklich alles nur ein Scherz, doch andererseits wusste ich, wie versessen Casper auf Fahrzeuge war. Und er lief ja tatsächlich oft über die Straße und blieb stundenlang verschwunden. Konnte es wirklich sein, dass mein Kater auf Tour ging?

Unablässig dachte ich über die Worte des Busfahrers nach und überlegte, was ich tun sollte.

13

Kater an Bord

Den ganzen Tag auf der Arbeit war ich vollkommen konfus. Hatte sich der Busfahrer doch nur einen Scherz mit mir erlaubt? Das konnte ich mir nicht vorstellen, denn dann hätte er mich bestimmt irgendwann aufgeklärt. Es schien vielmehr, als wollte er mir wirklich eine Neuigkeit mitteilen. Ich erzählte meinen Arbeitskollegen nichts davon, sondern beschloss zu warten, bis Chris am Abend anrief, und mit ihm gemeinsam zu überlegen, was wohl an der Sache dran war.

Als er sich schließlich von einem Rastplatz meldete und ich ihm die ganze Geschichte erzählte, klang sie selbst für mich ein wenig verrückt. Nachdem ich geendet hatte und ihn fragte, was ich tun solle, erwiderte er: »Glaubst du dem Fahrer denn? Hältst du es wirklich für möglich, dass Casper mit dem Bus fährt?«

Das war das Seltsame: Je länger ich darüber nachdachte, desto wahrscheinlicher kam es mir vor. »Ja, ich würde es ihm tatsächlich zutrauen«, gestand ich daher. »Er läuft immer über die Straße, und ich habe selbst schon beobachtet, dass er am Wartehäuschen stand. Außerdem verschwindet er manchmal für Stunden und kommt nicht einmal, wenn ich ihn mit Putenbrust locke. Und auf einmal ist er wieder da. Chris, ich glaube fast, der Busfahrer hat die Wahrheit gesagt.«

Nachdem ich es ausgesprochen hatte, erschien es mir noch realer. Ich sah förmlich vor mir, wie Casper in den Bus stieg, sich auf einem Sitz zu einem Nickerchen zusammenrollte und erst wieder nach Hause kam, wenn ihm danach war. Nachdem Chris und ich unser Gespräch beendet hatten, schaute ich zum Sofa hinüber, wo Casper lag und mich mit einem Auge anblinzelte. »Ist es wirklich wahr, Cassie? Führst du ein Doppelleben?«, fragte ich ihn und fügte hinzu: »Ich werde es wohl nie mit Sicherheit erfahren.«

Ein wenig beruhigter ging ich zu Bett, doch als ich am anderen Morgen aufwachte, kamen mir erneut Bedenken. Obwohl der Fahrer, mit dem ich gesprochen hatte, sehr freundlich gewesen war und die Fahrgäste sich offenbar nicht an Casper störten, konnte es Probleme geben. Was war, wenn Casper sich verlief oder die richtige Haltestelle verschlief und in einen Teil der Stadt geriet, wo er sich nicht auskannte? Ich machte mir Sorgen und beschloss, jemanden um Hilfe zu bitten.

Als Erstes wollte ich die Busunternehmen, deren Busse die Poole Park Road anfuhren, anschreiben mit der Bitte, die Fahrer zu informieren. Vielleicht konnten sie ja Casper davon abhalten, in einen Bus zu steigen. Ich erwartete nicht, dass sich andere Leute um meine Katze kümmerten, doch hielt ich es für sinnvoll, wenn die Busfahrer und die anderen Fahrgäste Bescheid wussten.

Also schrieb ich einen Brief an ein Busunternehmen und berichtete über Caspers Unternehmungen. Ich betonte, wie besorgt ich war, und bat sie höflich, dafür zu sorgen, dass ihre Fahrer Casper gar nicht erst einsteigen ließen.

Nach einiger Zeit erhielt ich eine ziemlich schroffe Antwort. »Wenn Sie das Tier außerhalb Ihres Grundstücks herumstreunen lassen«, so stand in dem Brief, »dann müssen Sie auch die Folgen tragen.« Du meine Güte, dabei hatte ich sie doch bloß gebeten, ein wenig Mitgefühl zu zeigen und auf den Kater achtzugeben, und dafür wurde ich derartig abgekanzelt. Der Brief ging folgendermaßen weiter:

Ich wurde von den Fahrern bereits über die Aktivitäten des Tieres unterrichtet sowie über die Tatsache, dass unsere Mitarbeiter es ziemlich satthaben. Ihre Tätigkeit ist schon schwierig und verantwortungsvoll genug, ohne dass sie sich um eine streunende Katze kümmern müssen.

Daher möchte ich Sie höflichst ersuchen, Ihr Tier anzubinden oder an der Leine zu führen, damit es sich nicht mehr unbeaufsichtigt von Ihrem Grundstück entfernen kann … Sollte ihm aufgrund Ihrer mangelnden Aufsicht etwas zustoßen, können wir keine Verantwortung dafür übernehmen.

Weiterhin teilte man mir in knappen Worten mit, man werde mir das Foto von Casper, das ich dem Unternehmen zur leichteren Identifizierung geschickt hatte, zurücksenden.

Ich war recht bestürzt über den Ton des Briefes, nachdem der Fahrer, mit dem ich gesprochen hatte, so freundlich gewesen war. Diese Leute forderten mich tatsächlich auf, den Kater »anzubinden«! Eine solche Grausamkeit hätte mir bestimmt eine Anzeige wegen Tierquälerei eingebracht.

Auch früher schon hatte ich hin und wieder jemanden darum gebeten, ein wachsames Auge auf Casper zu haben. Einmal zum Beispiel, als unsere unmittelbaren Nachbarn auszogen und ihr Haus zum Verkauf stand, schob ich einen Zettel unter der Tür hindurch. Ich wies den Makler darauf hin, dass Casper sich in das Haus schleichen könnte, und bat ihn, den Kater nicht versehentlich einzusperren. Ich war doch nur eine verantwortungsvolle Katzenhalterin und wollte keinesfalls jemand anderem die Schuld geben, falls Casper – Gott bewahre! – etwas zustoßen sollte.

Plötzlich fiel mir ein, dass das Busunternehmen, das mir den unfreundlichen Brief geschickt hatte, gar nicht der Arbeitgeber des netten Fahrers war. Dennoch zögerte ich ein wenig, auch das andere Unternehmen zu kontaktieren. Aber schließlich siegte meine Sorge um Casper. Ich suchte mir die Telefonnummer von First Devon and Cornwall heraus und rief an.

Die Reaktionen der beiden Unternehmen hätten nicht unterschiedlicher ausfallen können. Als sich ein junger Mann mit »Rob vom Kundenservice« meldete, konnte ich nicht ahnen, welch große Hilfe er mir in den kommenden Monaten sein würde. Er gehört zu den Menschen in Caspers Geschichte, die von sich selbst sagen, sie hätten nur ihre Pflicht getan, und deren Hilfe und Unterstützung doch weit darüber hinausgingen.

Ich erklärte Rob, worum es ging, und fragte behutsam an, ob er eventuell den Busfahrern Bescheid geben könnte. »Ich mache mir gerade schon Notizen«, antwortete er, »und gleich nach unserem Gespräch drucke ich einen Hinweis aus und hänge ihn in der Kantine ans Schwarze Brett.«

Das klang doch schon gänzlich anders! Rob hielt Wort, und wenige Minuten später hing bereits ein Zettel am Brett:

KATER AN BORD

ALLE FAHRER DER LINIE DREI WERDEN DARAUF HINGEWIESEN, DASS SIE MÖGLICHERWEISE EINEN TIERISCHEN FAHRGAST AN BORD HABEN. DER KATER STEIGT GEWÖHNLICH AN DER POOLE PARK ROAD ZU UND FÄHRT RICHTUNG INNENSTADT. SOLLTE EIN FAHRER DAS TIER SICHTEN, SO WIRD ER GEBETEN, DEN KUNDENSERVICE ZU VERSTÄNDIGEN, DAMIT DIESER DIE BESITZERIN BENACHRICHTIGEN KANN, DASS IHR KATER WOHLAUF IST.
VIELEN DANK! ROB

Als ich später mit Rob darüber sprach, gestand er mir, er habe das Ganze zuerst für einen Scherz gehalten – so wie ich selbst, als der Busfahrer mir von Casper erzählte. Nach mehreren Jahren an der Kundenhotline hatte Rob schon einiges gehört, aber eine Katze, die mit dem Bus fuhr – das klang doch reichlich abenteuerlich. »Ich entschied mich dafür, mitzuspielen, und fragte nach, an welcher Haltestelle der Kater immer einsteigt«, erinnerte sich Rob. »Doch als Sue alle meine Fragen offen beantwortete, dachte ich, es könnte vielleicht doch etwas daran sein. Außerdem war sie sehr nett und gab mir so viele persönliche Informationen, dass ich beschloss, sie nach besten Kräften zu unterstützen.«

Für mich spielt Rob in der ganzen Geschichte eine so wichtige Rolle, weil er für mich den Typus des anständigen Briten verkörpert, für den gute Manieren und Fair Play zählen und der jederzeit bereit ist, anderen zu helfen. Als ich ihn näher kennenlernte, wurde mir klar, dass er mich damals nicht anders behandelte als seine übrigen Kunden – er ist einfach jedem Anrufer gegenüber so außerordentlich freundlich und hilfsbereit. Später sagte er einmal zu mir, wie wichtig ihm gute Manieren seien und dass er auch seine Kinder entsprechend erziehe. Er nimmt einfach jeden einzelnen Menschen ernst, und es war ein Glück für mich, dass ich ihn damals am Telefon hatte.

Robs Zettel hing noch keine halbe Stunde am Schwarzen Brett, da unterhielten sich die Fahrer bereits über Casper, und so erfuhr Rob, dass die Geschichte wirklich stimmte. Die Katze, die mit der Linie Drei fuhr, war an jenem Tag das Gesprächsthema Nummer eins. Schon früher hatten sich einige Fahrer über den seltsamen Fahrgast unterhalten, doch erst Robs Hinweis löste eine wahre Flutwelle aus. Plötzlich sprachen die Fahrer darüber, bei wem von ihnen Casper schon mitgefahren war und welchen Platz er bevorzugte, und spekulierten darüber, warum er es wohl tat.

Immer wenn ich in den folgenden Tagen mit dem Bus fuhr, fragte ich nach und erhielt auf diese Weise weitere Informationen über Casper, die ich zu einem Puzzle zusammensetzen konnte. Obwohl die Fahrer mit den ein- und aussteigenden Fahrgästen beschäftigt waren, nahmen sie sich die Zeit, mir ein wenig von Casper zu erzählen. Es war, als berichteten sie einer besorgten Mutter über die dummen Streiche ihres Jungen.

Nach einer Weile kam es mir so vor, als wüssten alle Fahrer Bescheid und als sei ich die Einzige, die von alldem nichts mitbekommen hatte. Wie lange ging das wohl schon so?, fragte ich mich. Aus den Berichten einiger Fahrer schloss ich, dass Casper seine Streifzüge schon kurz nach unserem Umzug aufgenommen hatte. Ich konnte nur noch staunen – mein Kater führte tatsächlich ein geheimes Leben.

»Der kleine Kerl fährt schon in meinem Bus mit, seit ich denken kann«, antwortete mir einer der Fahrer, während sich die meisten anderen auf ein vages »seit einer halben Ewigkeit« beschränkten.

Eine Fahrerin erzählte mir, dass sie beim Losfahren von einer Haltestelle immer den Fahrgastraum im Spiegel kontrolliert. Als sie eines Tages dabei Casper entdeckte, bekam sie einen gehörigen Schreck. Dass Leute Handtaschen, Zeitungen und Süßigkeiten auf den Sitzen vergaßen, war sie gewohnt, doch eine Katze hatte sie dort noch nie gesehen.

Nach und nach bekam ich heraus, dass Casper am liebsten auf dem Platz gleich hinter dem Fahrer saß oder aber ganz hinten in der letzten Reihe, wo das Motorengeräusch am lautesten ist. Dabei ließ er sich bereitwillig von den Fahrgästen streicheln, kraulen oder sogar auf den Schoß nehmen. Manchmal war er schon eingeschlafen, kaum dass der Bus losfuhr, und was das Lustigste war: Er wartete immer brav in der Schlange an der Haltestelle. Alle Fahrer erklärten übereinstimmend, dass Casper nie ganz vorn oder ganz hinten stand, sondern stets mitten zwischen den Leuten, die damit nicht die geringsten Probleme hatten und sich niemals an ihm vorbeidrängelten oder ihn beiseiteschoben. Britischer geht es wirklich nicht. Wir sind so versessen aufs Schlangestehen, dass wir die Regeln dabei auch auf eine Katze anwenden. Wirklich erstaunlich.

Manche Fahrer hatten beobachtet, dass Casper an der Haltestelle wartete und dann doch nicht in ihren Bus stieg. Es schien, als habe er einen oder mehrere Lieblingsbusse. Die Fahrer taten dann scherzhaft so, als seien sie beleidigt, und fragten Casper: »Was passt dir denn an meinem nicht?« Besonders einer der Fahrer sah Cassie immer wieder an der Haltestelle, ohne dass der Kater auch nur ein einziges Mal bei ihm eingestiegen wäre. Warum er nicht zu den Auserwählten gehörte, konnte sich der Fahrer nicht erklären.

Etwas an der Geschichte fand ich besonders unbegreiflich. Ich hätte gedacht, dass Casper vielleicht bis zur nächsten Haltestelle fuhr, dann ausstieg und zurück nach Hause lief, doch als ich von seinen ausgiebigen Schläfchen im Bus erfuhr, fragte ich mich, wie lang seine Touren wohl waren.

Ein Bus der Linie Drei nahm den Weg durch Barne Barton, bevor er nach St Budeaux und damit auch zu der Haltestelle gegenüber meinem Haus kam. Von dort fuhr er weiter über die Wolseley Road nach Camels Head, passierte dann auf dem Weg über die Saltash Road den Marinestützpunkt HMS *Drake* und fuhr über St Levan Gate, Albert Gate und Park Avenue durch Devonport und weiter zur Endstation im Stadtzentrum. Dort stiegen sämtliche Fahrgäste aus, der Bus wendete und fuhr dann dieselbe Strecke wieder zurück. Es war eine richtig weite Strecke. »Steigt er denn am St Budeaux Square aus?«, wollte ich von einem der Fahrer wissen. Die Haltestelle lag etwa fünf Minuten von unserem Haus entfernt.

»Casper?«, fragte er zurück. Dank Robs Aushang kannten mittlerweile alle Caspers Namen. »Sie machen wohl Witze! Das wäre ihm gar nicht weit genug. Dafür geht Casper zu gern auf Tour.«

»Und bis wohin fährt er dann mit?«, fragte ich beklommen, weil ich noch immer fürchtete, er könnte einmal nicht wieder nach Hause finden.

»Er macht die ganze Runde«, bekam ich zur Antwort.

»Was?«, rief ich entgeistert.

»O ja, Casper fährt gern bis ins Stadtzentrum und wieder zurück – Haus-zu-Haus-Service sozusagen.«

»Aber im Stadtzentrum müssen doch alle aussteigen, bevor der Fahrer an der Endstation wendet und die neuen Fahrgäste einsteigen lässt?«

»Ja … normalerweise schon«, bestätigte der Fahrer. »Aber mit Casper ist eben alles anders.«

Das wurde mir auch allmählich klar. Trotzdem fragte ich: »Inwiefern?«

»Na ja, wir können ihn ja schlecht rauswerfen, oder? Außerdem schläft er meistens, und wir wissen ja, wohin er will. Also fährt er einfach wieder mit zurück zur Poole Park Road. Nur die Menschen müssen aussteigen, Casper hat Sonderrechte – Haus-zu-Haus-Service eben.«

Wieder einmal war ich sprachlos. Was für ein Wesen lebte da eigentlich unter unserem Dach?

14

Casper: Regeln für den Genuss öffentlicher Verkehrsmittel

1. Wenn du morgens das Haus verlässt, pass auf, dass weder dein Frauchen noch sonst ein Mensch sieht, wohin du gehst. Deine Ausflüge gehen nur dich etwas an. Menschen sind schrecklich neugierig, was uns Katzen betrifft, deshalb sollte unser Tun und Treiben ein Geheimnis bleiben.

2. Um Regel 1 einzuhalten, gehst du am besten folgendermaßen vor:
   a) Schleich dich hinaus, während der Mensch mit seinem Kopffell beschäftigt ist, sich das Gesicht bemalt, etwas zum Anziehen aussucht oder sonst eines der vielen Dinge tut, mit denen er gewöhnlich seine Zeit verplempert.
   b) Lass dich ruhig ein bisschen von ihnen umhätscheln und tu so, als wolltest du einen ruhigen Tag verbringen. Wenn sie dann »braver Junge« zu dir sagen und gerade gehen wollen, schlenderst du ganz unauffällig mit zur Tür, zwängst dich blitzschnell durch den Spalt und rennst davon. Oder
   c) Lass sie einfach links liegen, wenn sie versuchen, dich mit Leckerchen, Schmeicheleien und gutem Zureden ins Haus zu locken. Diese Methode ist am wirkungsvollsten - und macht am meisten Spaß.

3. Such dir eine Bushaltestelle aus, die möglichst nah an deinem Haus liegt, die sauber ist und wo Sitzgelegenheiten vorhanden sind.

04. Nach sorgfältigem Studium des Fahrplans (wie du das anstellst, sollte deine Sache bleiben. Manche Geheimnisse sind einfach zu kostbar, um gelüftet zu werden) entscheide dich, welchen Bus du diesmal mit deiner Anwesenheit beehren möchtest. Es ist empfehlenswert, dabei wechselnde Busse und Fahrer auszuwählen - dein Verhalten wirkt dadurch noch rätselhafter, und manche Fahrer werden sich den Kopf darüber zerbrechen, warum du nie mit ihnen fährst.

5. Stell dich in die Schlange der wartenden Menschen. Das ist besonders wichtig, denn aus unerfindlichen Gründen halten es die Menschen für bemerkenswert und amüsant, wenn eine Katze in ihren Bussen mitfährt. Wenn sie das nicht wollten, warum haben sie sie dann mit Automatiktüren und bequemen Sitzen ausgestattet? Wenn du dich aber an skurrile menschliche Regeln wie das »Schlangestehen« hältst, werden sie deine Anwesenheit irgendwann völlig normal finden.
Weil Menschen so versessen auf Regeln sind, waschen sie sich übrigens ausschließlich in ihren vier Wänden und nicht, wenn sie es gerade nötig hätten - und sie staunen über Tiere, die es ebenso halten.

6. Vermeide es, Aufmerksamkeit zu erregen, indem du versuchst, den vordersten Platz in der Warteschlange zu ergattern. Halte dich stattdessen in der Mitte der Reihe, wo du am wenigsten auffällst.

7. Such dir beim Einsteigen den Platz aus, der dir am meisten zusagt. Mir persönlich sind Fensterplätze am liebsten oder auch die Sitze ganz hinten, wo die Heizung ist. Es kann vorkommen, dass ein Mensch sich mit auf deinen Platz setzen will. Das mag zuweilen unangenehm sein (siehe meine Ausführungen über ihre Waschgewohnheiten. Aus

Bin ich nicht hübsch?

Wo bleibt mein Abendessen?

Können wir uns noch mal *On the Buses* ansehen?

Tuppence, Caspers ältester Freund

Whisky zu Weihnachten

Die beiden verrückten Mädels: KP und Peanut

Jack will auch auf Reisen gehen

Chris und Gemma halten Nickerchen

Clyde

Stretching-Übung

Ginny

Gemma vor ihrer Operation

Vogelperspektive

Auf der Lauer

Geduld ist eine Tugend

Später Ruhm

Die Fahrkarten, bitte!

Ein Bus der Linie drei

Ich möchte bitte aussteigen

Mein Lieblingsplatz

. . . oder doch lieber hier?

Unser großer Tag

Rob, mein Lieblingsfahrer

Regentag in Plymouth

diesem Grund riechen nicht alle Menschen allzu angenehm), muss jedoch geduldet werden.

8. Sollte sich ein Mensch neben dich setzen, kann es hilfreich sein, sich schlafend zu stellen (manchmal muss man gar nicht so tun, weil sich eine Busfahrt für ein wohliges Nickerchen geradezu anbietet). Einige trauen sich vielleicht sogar, dich zu streicheln oder zu tätscheln - nimm es hin. Die meisten Menschen sind harmlos, und ich persönlich mag sie ganz gern. Also sollte man ihnen von Zeit zu Zeit ihren Willen lassen.

9. Regeln, die dir missfallen oder sinnlos erscheinen, kannst du getrost ignorieren. So haben die Fahrer auf meiner Strecke die Angewohnheit, an einem Punkt, den sie »Endstation« nennen, ihre Mitmenschen zum Aussteigen aufzufordern. Das würde mir gar nicht behagen, schließlich möchte ich wieder nach Hause und nicht durch die Geschäfte laufen. Stellt man sich derartigen Anordnungen gegenüber taub, so ändern die Menschen, wie ich festgestellt habe, oftmals ihre Regeln im Sinne von uns Katzen - und das ist ja schließlich unser Hauptziel im Leben.

10. Bleib so lange im Bus, wie es dir beliebt. Wenn du dann dein Ziel erreicht hast, steig aus und spaziere gelassen nach Hause, ohne auf die Menschen zu achten, die dir mit offenem Mund hinterherstarren und sich dabei am Kopf kratzen.

11. Kreuz die Pfoten, dass dir niemand auf die Schliche kommt, denn dann ... oje, oje.

15

Casper erobert Plymouth

Nach allem, was ich in vielen kurzen Gesprächen erfuhr, waren die Fahrer anfangs nicht begeistert davon, dass Casper mit ihnen fuhr, weil sie Angst hatten, er könne sich verlaufen. Doch als sie mit der Zeit feststellten, dass er immer an derselben Haltestelle zustieg – wahrscheinlich in der Nähe seines Zuhauses –, gaben sie ihren Widerstand auf. Zumal es ihnen nicht mehr so peinlich war, eine Katze herumzuchauffieren, nachdem Casper zum Gesprächsthema in der Kantine des Busunternehmens geworden war.

Ich kann mir nicht vorstellen, dass Casper von Anfang an in der Schlange wartete. Wahrscheinlich legte er es anfangs nur darauf an, rasch in den Bus zu schlüpfen und dort bleiben zu dürfen. Doch sobald die Fahrer sich an ihn gewöhnt hatten und seine Anwesenheit duldeten, besann sich Casper auf seine guten Manieren.

Im Laufe der Zeit bemerkten auch immer mehr Fahrgäste den kleinen Mitreisenden, und ich erfuhr, dass manche von ihnen den Kater vorsichtig aufhoben, wenn er seine Haltestelle zu verschlafen drohte, ihn hinaustrugen und ihn im Wartehäuschen an der Poole Park Road absetzten, bevor sie wieder in den Bus stiegen. Ich hatte den Eindruck, dass es eine ganze Reihe netter Menschen gab, die sich rührend um Casper kümmerten. Besonders dankbar war ich jedoch den Busfahrern.

Eine der Fahrerinnen berichtete mir, dass sie häufig ihre Pause an meiner Haltestelle verbrachte und Casper im Bus schlafen ließ, während sie wartete oder die Zeitung las. Doch da sie nicht wusste, dass Casper daran gewöhnt war, wurde sie die Sorge nicht los, er könnte nicht mehr nach Hause finden.

Daher trug sie Casper, wenn ihre Pause zu Ende war, hinaus und setzte ihn im Wartehäuschen ab. So konnte er sich wenigstens eine Weile im Bus aufhalten, und sie brauchte sich keine Sorgen um ihn zu machen. Es stellte sich auch heraus, dass viele der Fahrer mit ihrem Handy Fotos von Casper gemacht hatten, zum Beweis, dass sie ihren Freunden und Verwandten keinen Bären aufgebunden hatten.

Zwar hatte Rob Zettel in der Kantine des Unternehmens (mit dem Casper offenbar ausschließlich fuhr) ausgehängt, doch da ich nicht wusste, ob wirklich alle Fahrer die Mitteilungen am Schwarzen Brett lasen, beschloss ich, mich direkt bei ihnen für alles zu bedanken, was sie für Casper getan hatten und noch immer taten. Dazu schien es mir sinnvoll, einen Leserbrief an unsere Regionalzeitung zu schreiben.

Die Tageszeitung *Plymouth Herald* wird in unserer Gegend von vielen gelesen, und oft habe ich gesehen, dass auch die Busfahrer ein Exemplar neben sich liegen hatten. Ohne zu ahnen, welche Lawine ich damit ins Rollen bringen würde, setzte ich mich also hin und schrieb rasch einige Zeilen, in denen ich Caspers Busfahrten erwähnte und allen Mitarbeitern von First Devon and Cornwall für ihre Mithilfe dankte. Gerade weil viele Leserbriefschreiber über alles Mögliche meckerten, wollte ich das Entgegenkommen des Busunternehmens und all der freundlichen Menschen, die so nett zu Cassie und mir waren, lobend erwähnen. Ich schrieb:

Danke an den Kundendienst von First und
die Fahrer der Linie Drei (Plymouth)

Hiermit möchte ich mich ganz herzlich bei Rob vom Kundendienst und allen Busfahrern der Linie Drei bedanken. Unser Kater Casper steigt immer in Barne Barton in den Bus und fährt ein Stückchen mit. Ich habe mir sagen lassen, dass er – auf einem Sitz schlafend – oft sogar die ganze Strecke bis zur Stadtmitte und wieder zurück fährt.

Da wir Casper aus dem Tierheim haben, kennen wir seine Vorgeschichte nicht, aber offensichtlich hat er keine Angst vor Bussen. Wir möchten uns ganz herzlich dafür bedanken, dass sämtliche Fahrer so viel Geduld und Freundlichkeit für den lästigen Kater aufbringen und ihn nicht einfach irgendwo aussetzen. Wir möchten ihn nicht verlieren, denn er ist schon alt, und wir hängen sehr an ihm.

Ein paar Tage später rief mich Rob an und fragte mich, ob er meine Telefonnummer einem Journalisten des Regionalblatts geben dürfe, der sich mit mir über Cassie unterhalten wollte. Auf meine Nachfrage hin erklärte mir Rob, jemandem in der Zeitungsredaktion sei mein Leserbrief aufgefallen. Da sie eine spannende Story dahinter witterten, wollten sie nun mehr von mir erfahren. Ich wunderte mich, ehrlich gesagt, dachte aber, es könne ja nichts schaden. Ich selbst hatte mich schon beinahe an Caspers Ausflüge gewöhnt.

Erst heute weiß ich, was sich seinerzeit beim *Plymouth Herald* hinter den Kulissen abspielte. Dort ist ein Mitarbeiter dafür zuständig, in den Leserbriefen nach interessanten Geschichten zu suchen, die es wert sein könnten, näher recherchiert zu werden. Offensichtlich fiel Caspers Geschichte in diese Kategorie, und so leitete er meinen Brief an den Nachrichtenredakteur weiter, der einem Reporter den Auftrag gab, einen Interviewtermin mit mir zu vereinbaren. Da der betreffende Reporter jedoch keine Zeit hatte, gab er den Auftrag an einen Kollegen namens Edd Moore weiter. Edd rief daraufhin Rob an, der ihm nach Rücksprache mit mir meine Telefonnummer gab. Darüber hinaus riet er Edd, sich an die PR-Abteilung des Busunternehmens zu wenden.

Der Rest ist, wie man so schön sagt, Geschichte. Eine ganze Reihe von Menschen arbeiteten Hand in Hand, um Cassies Erlebnisse in die Welt hinauszutragen, und jeder Einzelne von ihnen besaß ein Herz aus Gold. Hätte Rob damals nicht diesen Zettel geschrieben, wäre Edd der Sache nicht auf die Spur gekommen, und hätte das Busunternehmen nicht so bereitwillig Auskunft gegeben, dann wäre die Geschichte von Casper, dem reisenden Kater, niemals an die Öffentlichkeit gelangt. Das wäre sehr traurig gewesen, denn er war ein beliebtes Gesprächsthema, und viele Menschen dachten gern an ihn.

Als Rob die Mitarbeiter des Busunternehmens nach ihren Erfahrungen mit Casper befragte, stellte sich heraus, dass die meisten der einhundert Fahrerinnen und Fahrer (die häufig die Strecken tauschen) bereits die Bekanntschaft des Katers gemacht hatten. Rob selbst war durchaus beeindruckt von Caspers Intelligenz, allerdings hatte er schon früher erstaunliche Geschichten über Tiere gehört.

So gab es zu der Zeit, als er noch in Hertford arbeitete, dort einen Jack-Russel-Terrier, dessen Besitzer krankheitsbedingt den Hund nicht ausführen konnte. Daraufhin drehte der Hund jeden Tag eine kleine Runde mit dem Bus. Was Casper betraf, so stellte sich heraus, dass er an manchen Tagen nicht an der Poole Park Road wieder ausstieg, sondern zweimal die Strecke bis in Stadt zurücklegte. Und zwar nicht etwa, weil er verschlief – ihm war einfach nach einem längeren Ausflug zumute. Mittlerweile ließen ihn die Fahrer nicht nur unbehelligt, sie tauschten auch im Depot regelmäßig Neuigkeiten über Casper aus. Manche Fahrer waren sogar ein wenig eifersüchtig, weil er noch nie bei ihnen mitgefahren war oder sie nicht die Linie Drei zugeteilt bekamen.

Es überraschte mich nicht, dass Rob – wie so viele andere, die in dieser Geschichte eine Rolle spielen – sehr tierlieb war. Er hielt selbst Katzen, hatte Hunde aus dem Tierheim und konnte sich nicht erinnern, dass es in seinem Leben einmal keine Haustiere gegeben hatte. Als er dreiundzwanzig und jung verheiratet war, musste zu seinem großen Kummer sein geliebter Bearded Collie eingeschläfert werden. »Ich war am Boden zerstört, absolut untröstlich«, erinnerte er sich. »Und ich glaube, jeder, der einmal ein Haustier geliebt hat, kann nachempfinden, wie sehr sie einem ans Herz wachsen und welch große Lücke ihr Tod hinterlässt. Ich bin praktisch mit Winston aufgewachsen und habe ihm alle meine Probleme erzählt, aber ich glaube, der Verlust ist immer schmerzlich, ganz gleich, wie alt man ist.«

Ich glaube, durch die Erfahrungen mit seinem Hund war Rob Casper gegenüber besonders aufgeschlossen. Schon zuvor hatte er ein Rundschreiben mit Verhaltensregeln bei Unfällen mit Haustieren an die Fahrer ausgegeben. Danach sollten sie versuchen, den Besitzer ausfindig zu machen, oder das Tier zu einem Tierarzt bringen. Ich hatte früher nicht gewusst, dass es in Großbritannien einen Unterschied macht, ob man einen Hund oder eine Katze anfährt. Bei einem Hund ist der Fahrer verpflichtet, die Polizei oder den Halter zu benachrichtigen, für Katzen gilt das jedoch nicht. Es scheint fast, als würde einer Katze weniger Bedeutung beigemessen als einem Hund. Dahinter steckt die Auffassung des Gesetzgebers, dass man Katzen nicht wie Hunde erziehen kann und der Besitzer daher für durch das Tier verursachte Unfälle oder Schäden nicht haftbar gemacht werden kann. Diese Ungleichbehandlung sollte mir später noch sehr zu schaffen machen, und ich habe mir fest vorgenommen, etwas dagegen zu unternehmen.

Nachdem ich eingewilligt hatte, dass Rob meine Telefonnummer weitergab, bekam ich zwei Anrufe. Der erste kam von einer Dame namens Karen Baxter, die bei First für die Öffentlichkeitsarbeit zuständig war. Karen betonte, wie begeistert sie von Caspers Geschichte sei und dass sie gern mit Informationen behilflich sein würde. Das freute mich sehr, denn ich begriff noch immer nicht recht, warum sich alle so sehr für mein Kätzchen interessierten, und war froh über jede Hilfe von fachkundiger Seite. Als Nächstes rief mich Edd, der Journalist, an und fragte, ob er mich und Casper kennenlernen dürfe, weil er für den *Plymouth Herald* einen Artikel über uns schreiben wolle. Ich sagte bereitwillig zu, auch wenn ich mich fragte, wieso sich die Einwohner von Plymouth für meinen Kater interessieren sollten.

Für mich selbst wünschte ich keine Aufmerksamkeit, sondern wollte nur einigen Leuten ein kleines Dankeschön sagen. Eigentlich rechnete ich damit, Edd werde nach unserem Gespräch zu dem Ergebnis kommen, dass die Geschichte sich nicht lohnte. Wie sollte daraus auch eine Schlagzeile werden? Ich versprach mir nicht viel von dem Interview und gab nur nach, um Ruhe zu haben.

In dieser Zeit war Chris meistens beruflich unterwegs. Er wusste zwar, dass Casper mit dem Bus fuhr, hatte jedoch keine Ahnung, welche Kreise die Sache mittlerweile zog. Wenn er zu Hause war, amüsierten wir uns über das eine und andere, zum Beispiel darüber, dass Casper ausschließlich mit den Bussen von First fuhr und nie mit denjenigen des Unternehmens, das mich so schroff abgewiesen hatte. Er habe eben einen guten Geschmack, witzelten wir dann. Ich erwähnte Chris gegenüber auch den Interviewtermin, doch ebenso wie ich tat er die Sache ziemlich leichthin ab. Wir hatten beide noch nie etwas mit den Medien zu tun gehabt und waren in dieser Hinsicht ein wenig naiv.

Als Edd dann kam, war ich erleichtert, weil er so offen und freundlich war. Er spielte mit Casper und plauderte bei einer Tasse Tee mit mir. Dabei versicherte er mir, dass es eine wirklich nette, heitere Geschichte sei, über die sich viele Leser in diesen schwierigen Zeiten bestimmt freuen würden. »Wenn die Leute Tag für Tag nur von schlimmen Dingen lesen, dann zieht sie das runter«, sagte er. »Caspers Streiche dagegen werden sie zum Schmunzeln bringen. Natürlich müssen wir über Verbrechen und Arbeitslosigkeit berichten – das gehört nun mal zu unserem Job –, aber ab und zu schreibt man auch gern mal etwas Heiteres.« Und dafür war Caspers Geschichte genau das Richtige, fand Edd.

Am nächsten Tag kam ein Fotograf zu uns, um Bilder von Casper zu machen. Ich erschrak, als er mich mit auf einigen Fotos haben wollte, denn es regnete in Strömen, und mir war ganz und gar nicht danach, fotografiert zu werden. Casper, der klatschnass war, wurde allmählich unruhig und wollte unbedingt von meinem Arm herunter, weil ein Bus kam. Als er sich näherte, rief ich dem Fotografen zu, es sei der falsche Bus – er gehörte nicht zu dem Unternehmen, mit dem Cassie immer fuhr. Doch der Fotograf entgegnete, das sei egal, und knipste unbeirrt weiter. Und so kam es, dass die Bilder von Cassie mit dem »falschen« Bus um die Welt gingen – eine Ungenauigkeit, die ich sehr bedaure.

Endlich war der Fotograf fertig und ging. Edd versprach mir, der Artikel werde am nächsten Tag erscheinen, doch dann mussten sie über ein aktuelles Ereignis berichten und konnten die Geschichte doch nicht bringen. »Mach dir nichts draus, Casper«, tröstete ich ihn. »Es hat eben nicht sein sollen.« Mir war schon klar, dass nicht jede Story tatsächlich abgedruckt wurde, und Caspers Geschichte war wohl doch nicht wichtig genug gewesen.

Ich wusste nicht, ob ich darüber enttäuscht sein sollte oder nicht. Obwohl mir anfangs nicht wohl bei der ganzen Sache gewesen war, fand ich schließlich alles doch recht aufregend. Trotzdem machte ich mir nichts daraus, als die Seifenblase platzte. Schließlich ging es Casper und mir dadurch nicht schlechter, und außerdem wusste ich jetzt mehr darüber, was der Kater so anstellte, und hatte viele neue Leute kennengelernt, mit denen ich mich während der Busfahrt unterhalten konnte. Der Artikel war eben in den Papierkorb gewandert und fertig. Welch ein Irrtum!

16

Ein Augenblick im Rampenlicht

Als ich am Mittwoch, dem 29. Juli 2009 die Zeitung aufschlug, traute ich meinen Augen kaum. Da war Casper doch noch im *Plymouth Herald,* wenn auch einige Tage später als erwartet. Natürlich hatte Edd mit mir abgesprochen, dass er einen Artikel schreiben wollte, doch ich konnte es erst wirklich glauben, als ich die Geschichte schwarz auf weiß vor mir sah. Da stand nun mein Cassie in der Zeitung, und ganz Plymouth konnte von seinen Abenteuern lesen. Später erfuhr ich, dass in den vorangegangenen Tagen mehrere Artikel über ein anderes Busunternehmen erschienen waren und die Redaktion daher ein wenig warten wollte, bevor sie noch eine Busgeschichte brachte. Doch jetzt war es so weit – groß und breit stand Edds Artikel im *Plymouth Herald:*

Kater Casper – im Bus wie zu Hause

Ich möchte Ihnen Casper vorstellen, der es im Busverkehr von Plymouth bereits zu einiger Berühmtheit gebracht hat. Die Fahrgäste von Firsts Linie Drei haben vielleicht schon die Bekanntschaft des Langhaarkaters gemacht, der mit seinen regelmäßigen Ausflügen in die Stadt seine Besitzerin zur Verzweiflung treibt.

Der reiselustige Vierbeiner reiht sich an der Bushaltestelle im heimischen Barne Barton brav in die Schlange der Wartenden ein, steigt schließlich gemächlich in den Bus und rollt sich auf einem Sitz zusammen. Das gutmütige Tier ist gleichermaßen beliebt bei Fahrern und Fahrgästen, die immer dafür sorgen, dass er sicher wieder nach Hause kommt.

Caspers Route führt ihn von seinem Heim in der Poole Park Road bis zur Endstation an der Royal Parade und wieder zurück, über St Budeaux Square, HMS Drake, *Keyham, Devonport und Stonehouse.*

Obwohl sich der Kater schon seit Monaten mit den Bussen der First Company durch die Stadt chauffieren lässt, ist ihm seine Besitzerin, Susan Finden, erst kürzlich auf die Schliche gekommen.

Laut Susan, die den Kater 2002 aus einem Tierheim holte, war Casper schon immer sehr auf seine Unabhängigkeit bedacht. Und da er sie und ihren Ehemann Christopher mit seiner Fähigkeit verblüffte, sich förmlich in Luft aufzulösen, nannten sie ihn Casper – nach dem Gespenst aus dem Zeichentrickfilm.

Die 55-jährige Altenpflegerin berichtete uns: »Er ist schon immer viel herumgestreunt. Einmal musste ich mit dem Katzenkorb zweieinhalb Kilometer weit laufen, um ihn von einem Parkplatz abzuholen. Er liebt Menschen und fühlt sich unerklärlicherweise von großen Fahrzeugen wie Lastwagen und Bussen angezogen. Wir könnten uns vorstellen, dass er früher auf dem Gelände eines Reiseunternehmens oder einer Spedition gelebt hat, denn er kennt keine Angst vor Motorenlärm – oder vor Hunden.

Obwohl er wahrscheinlich schon etwa zwölf Jahre alt ist, hat er noch immer nicht gelernt, sich im Straßenverkehr vorzusehen – er läuft blindlings über die Straße zur Bushaltestelle.«

Susan erfuhr erst von Caspers rund achtzehn Kilometer langen Rundfahrten, als er ihr eines Tages zur Bushaltestelle nachlief und dabei um ein Haar überfahren wurde.

»Als der Fahrer mir sagte, dass mein Kater regelmäßig mit dem Bus fährt, fiel ich aus allen Wolken«, erinnert sich Susan und berichtet weiter: »Casper reiht sich ordentlich zwischen den anderen Fahrgästen ein und wartet auf den Bus. Dabei zieht er offenbar die Busse von First denen anderer Unternehmen vor – warum, das wissen wir auch nicht.

Wenn die Fahrer an der Endhaltestelle wenden, schauen sie nach, ob Casper noch an Bord ist, und nehmen ihn mit zurück. Meist setzen ihn andere Fahrgäste an der richtigen Haltestelle hinaus. Ich hänge sehr an dem Kater und bin allen dankbar, dass sie so gut auf ihn achtgeben.«

Nach Auskunft von Karen Baxter, der Pressesprecherin des Busunternehmens, wurden die Fahrer durch Aushang angewiesen, ein Auge auf den vorwitzigen kleinen Fahrgast zu haben, und eine Fahrerin hat sogar ein Foto von Casper als Hintergrundbild auf ihrem Computer. Wie Ms Baxter uns mitteilte, soll Casper auch in Zukunft kostenlos mit den Bussen des Unternehmens fahren dürfen. »Einen Monatstarif für Kater haben wir nicht im Angebot«, sagte sie. »Außerdem hat er als Katzensenior ohnehin Anspruch auf kostenlose Beförderung.«

Wie Rob Stonehouse, einer der Busfahrer, berichtete, rollt sich Casper gewöhnlich hinten im Bus zusammen oder hält auch mal sein Nickerchen zwischen den Füßen der Fahrgäste, ohne jedoch irgendwem lästig zu fallen.

Casper selbst war dem Herald gegenüber nicht zu einem Kommentar bereit.

Es war ein netter Artikel, und ich freute mich, dass Karen Baxter und alle anderen sich so freundlich über Casper geäußert hatten. An dem Morgen, als der Artikel erschien, war Casper im Haus geblieben, fast als habe er gewusst, dass etwas Wichtiges anstand. Ich las ihm den Text vor, aber er wirkte vollkommen desinteressiert. Ich hingegen war sehr stolz auf ihn. »Heute kannst du dich bestimmt im Bus vor Autogrammjägern kaum retten, Cassie«, sagte ich zu ihm.

Einige Bekannte riefen an, und wir scherzten gemeinsam über meinen berühmten Kater. Sie fragten, ob ich ihm nicht einen Bodyguard engagieren wolle, damit er immer einen guten Platz bekam und ihn die Fans nicht zu sehr belästigten. Ich freute mich darüber, dass alle so großen Anteil an meinem Kater nahmen, und beschloss, den Artikel noch einmal im Internet nachzulesen und mir Caspers Bild anzuschauen. Ich öffnete also die Website des Plymouth Herald und war völlig verblüfft über die vielen Kommentare. Edd sagte mir später, die meisten Beiträge bekämen ungefähr zehn Leserzuschriften, doch bei Caspers Artikel waren es bereits über hundert.

So schrieb beispielsweise Dee aus Crawley: »Danke für die entzückende Casper-Geschichte, über die ich herzlich geschmunzelt habe.«

Und eine Frau aus Plymouth bemerkte: »Das ist ja niedlich! Ich bin allergisch gegen Katzen und Hunde, aber trotzdem hätte ich nichts dagegen, dass Casper neben mir säße, selbst wenn ich für den Rest des Tages niesen müsste!«

Für einen Leser war die Geschichte der Beweis, dass es doch noch viele gutherzige Menschen gab: »Der Artikel hat mich wirklich zum Lächeln gebracht. Was für eine hübsche Geschichte, und wie nett von den Busfahrern, dass sie ein Auge auf den kleinen Kerl haben! Er dürfte jederzeit gern neben mir liegen. Gut gemacht, Plymouth – wie schön, dass wir doch noch ein Herz für Tiere haben!«

Ich staunte nicht nur über die große Zahl der Zuschriften, sondern auch darüber, wie viele Leute von auswärts geschrieben hatten. Ich war davon ausgegangen, dass es nur eine lokale Nachricht sei, ohne zu bedenken, wie eng die Welt heute vernetzt ist.

So schrieb eine Marjanna aus Toronto: »Die Geschichte hat mir eine Riesenfreude gemacht. Weiter so, Casper!«

Und Sheila aus Los Angeles kommentierte: »Was für eine tolle Geschichte – und ein cooler Kater. Tiere sind doch das Größte!«

Vielleicht handelte es sich bei diesen Leuten ja um ausgewanderte Engländer, die immer noch ihr ehemaliges Heimatblatt lasen – oder aber wir waren tatsächlich schon Teil der globalen Gesellschaft. Je mehr ich las, desto toller wurde es. Aus aller Herren Länder meldeten sich Leute zu Wort, ebenso wie zahlreiche Einwohner von Plymouth, die berichteten, sie hätten Casper schon oft im Bus getroffen oder ihn sogar auf dem Schoß gehabt. Eine Dame hatte ein Video bei YouTube eingestellt, auf dem es so aussah, als sänge Casper das Kinderlied *The Wheels on the Bus*. Das Filmchen wurde mehr als zehntausend Mal aufgerufen.

Mein kleiner Kater führte wirklich ein aufregendes Leben, und jetzt, da er zusehends berühmt wurde, hoffte ich, noch mehr über seine Abenteuer zu erfahren. Vielleicht meldeten sich ja Leute bei mir, die Casper auf dem Weg zur Arbeit oder in die Stadt getroffen hatten, und lieferten mir weitere Informationen.

Einige wenige Leser machten auch kritische Bemerkungen, hauptsächlich darüber, wie unhygienisch eine Katze in einem öffentlichen Verkehrsmittel sei. Darüber ärgerte ich mich. Waren sie selbst vielleicht keimfrei? Und glaubten sie etwa, dass jeder, der mit dem Bus fuhr, ein Muster an Sauberkeit sei? Doch bevor ich mich aufregen konnte, sah ich, dass andere Leute genau diese Argumente genannt hatten und sich für Caspers Recht auf freie Fahrt einsetzten.

> *Das Leben ist kurz, also hört auf zu stänkern und zu meckern. Jedes Lebewesen ist wertvoll, und das hier ist eine nette Geschichte über eine Katze, die doch nur ein bisschen Abwechslung und Aufmerksamkeit und ein trockenes Plätzchen sucht. Danke, Casper, dass du für einen Augenblick Millionen von Lesern zum Lächeln gebracht hast, bevor sie die nächste Seite anklicken und das lesen, was den Meckerern offensichtlich so gut gefällt.*
>
> J.J. aus Devon

Eine andere Frau aus Plymouth kommentierte: »Ich kann einfach nicht fassen, dass sich Leute aufregen, wenn ein Kater mit dem Bus fährt. Habt ihr nichts Besseres zu tun? Und warum machen manche Theater, weil sie im Bus 50 Pence für ihren Hund bezahlen sollen – so knapp bei Kasse seid ihr doch wohl nicht, Leute! Mach dir nichts draus, Casper, und weiterhin viel Spaß!«

Was mir an den freundlichen Kommentaren am besten gefiel, war, dass wildfremde Menschen für Casper Partei ergriffen. Für sie war seine Geschichte eine willkommene Abwechslung zu den üblichen Schlagzeilen. Genauso sah es auch Edd. Er erzählte mir später, dass er an jenem Tag unbedingt eine Meldung bringen wollte, die nichts mit Verbrechen oder der Rezession zu tun hatte, als er plötzlich auf die wunderbar skurrile Geschichte von der Bus fahrenden Katze stieß. Wie hätte er ahnen können, was er damit in Gang setzte!

Als sich die Kunde von Caspers Streifzügen in ganz Plymouth – und dank Internet rund um die Welt – verbreitete, wurden schließlich auch die großen Zeitungsverlage an der Londoner Fleet Street aufmerksam. Überregionale Zeitungen sowie die Nachrichtenagentur *Press Association* griffen die Geschichte auf, doch davon ahnte ich noch nichts. Für mich verging der Tag wie im Flug. Ich war vollauf mit den zahllosen Anrufen und E-Mails von Freunden und Verwandten beschäftigt, die sich nach Casper erkundigten. Er selbst hingegen nahm den Artikel auch beim erneuten Vorlesen ebenso gleichgültig auf wie beim ersten Mal. Kein Wunder, schließlich wusste er ja alles schon aus erster Hand. Vor dem Schlafengehen knuddelte ich ihn noch einmal ganz fest, weil er trotz des ganzen Wirbels ein so braver Kerl war. Dabei flüsterte ich ihm ins Ohr: »Siehst du, Cassie, nun hast du für einen Augenblick im Rampenlicht gestanden, und der ganze Trubel ist vorbei. Jetzt kannst du wieder in Ruhe deine Ausflüge machen.«

Erst später sollte sich herausstellen, wie naiv das von mir war. Eigentlich hätte ich es mir ja denken können, aber als ich an jenem Abend zu Bett ging, hatte ich keine Ahnung, was uns beiden am nächsten Tag bevorstand.

17

Der globalisierte Kater

»Unser Bericht über Casper geht um die Welt!«, verkündete der *Plymouth Herald* am nächsten Tag begeistert – und zu Recht. Die Story sprengte alle Grenzen.

> *Gestern berichteten wir über den Kater Casper, der regelmäßig an seinem Wohnort in Barne Barton in den Bus steigt und unbekümmert seine Runden dreht. Schon wenige Stunden nachdem die Geschichte im* Herald *erschienen war, gelangte der vierbeinige Fahrgast, der bisher nur bei den Fahrern und Mitreisenden beliebt war, zu internationaler Berühmtheit. Medien in aller Welt, von britischen Boulevardblättern bis zur US-amerikanischen Nachrichtenseite mystateline.com, griffen die Meldungen über den reiselustigen Vierbeiner aus Plymouth auf. So titelte die* Sun: *»Tierischer blinder Passagier ertappt«, während die* Press Association *meldete: »Kater Casper genießt seine Spritztouren«. Auf Teletext war kurz und knapp zu lesen: »Freie Fahrt für eine Katze«. Auch auf den Websites von Yahoo, Virgin Media,* The Sheffield Telegraph, Bury Free Press *und thisislancashire konnte man über Casper lesen.*

Bei einer raschen Suche fand ich die Story auf der Seite der BBC, des *Daily Telegraph* sowie der *Daily Mail* – sie alle hatten Edds Artikel aufgegriffen und noch ein wenig ausgeschmückt. Manche Zeitungen brachten die Geschichte, oft mit einem humorvollen Unterton, sogar auf der Titelseite. Sie alle betrachteten Casper und sein außergewöhnliches Hobby mit Wohlwollen. Und als Online-Kommentare aller Welt eingingen, wurde eine Riesensache daraus.

So bemerkenswert die Resonanz am ersten Tag auch sein mochte, sie war doch nichts im Vergleich zu den Reaktionen, als Caspers Geschichte einige Tage später in Zeitungen und auf Webseiten in Holland, Australien, Indien, China und Südafrika erschien. So schrieb ein New Yorker Blatt:

> *Nicht alle Haustiere gehen gern zu Fuß – manche nutzen lieber öffentliche Verkehrsmittel. In der englischen Stadt Plymouth etwa staunten Berufspendler nicht schlecht, als Casper, ein zwölfjähriger Kater, mutterseelenallein in ihrem Bus mitfuhr.*

Niemand war über den ganzen Wirbel verblüffter als ich – ich rechnete beinahe damit, dass bald ein PR-Fachmann anrufen und sich als Manager für Großbritanniens neuesten Star anbieten würde. Schließlich stand meine Adresse in dem Artikel, und so war es auch kein Problem, meine Telefonnummer herauszufinden. Infolgedessen stand das Telefon keinen Augenblick still. Ich ging wie immer den Weg des geringsten Widerstandes und sagte allen möglichen Leuten zu, die mich interviewen und Filmaufnahmen von Casper machen wollten. Nach den positiven Erfahrungen mit Edd war ich vielleicht ein wenig unkritisch im Umgang mit Journalisten, doch zum Glück wurde mein Vertrauen niemals enttäuscht. Ausnahmslos alle, die sich mit Caspers Geschichte beschäftigten, erwiesen sich als angenehme Menschen.

Allmählich verlor ich den Überblick über meine Termine, und so kam es, dass ich eines Morgens, wenige Tage nachdem der erste Artikel im *Plymouth Herald* erschienen war, mit einem unguten Gefühl in der Magengrube erwachte. Im nächsten Augenblick fiel mir wieder ein, dass ich zugesagt hatte, an diesem Tag ein Interview für die BBC-Sendung *Today* zu geben. Außerdem wollte ein Fernsehteam Aufnahmen von Casper für eine Nachrichtensendung machen, und das alles praktisch zur gleichen Zeit. Und dabei hatte ich mir immer eingebildet, ein Organisationstalent zu sein!

Eilig zog ich mich an und ging gerade die Treppe hinunter, als es an der Tür klingelte. Draußen stand eine ganze Schar Leute, die meinen Namen riefen und nach Casper fragten. Ein Fernsehteam der BBC war ebenso darunter wie der Direktor des Busunternehmens, Karen, die PR-Dame, nebst ihrer Assistentin Jo, außerdem ein weiteres Aufnahmeteam für eine Sendung mit dem Titel *Spotlight,* jemand vom Devon Radio, Fotografen, Reporter und weiß der Himmel wer noch. Und alle diskutierten wild durcheinander, wer wann was aufnehmen sollte.

Gott sei Dank hatte Karen vom Busunternehmen einen der Fahrer mitgebracht, damit er mit mir zusammen für die Bilder posierte, denn das hasste ich besonders. Der junge Mann, ebenfalls Rob mit Namen, verstand sich ausgezeichnet mit Casper. Als ich zusah, wie die beiden fotografiert wurden, war mir bei all dem Aufsehen doch ein wenig mulmig. Aber jetzt war nichts mehr daran zu ändern. Außerdem waren alle so nett und freundlich, dass es mir nach einer Weile ganz normal erschien. Ich hoffte nur, der Rummel möge sich bald wieder legen.

Schließlich kam ein junger Mann vom *Spotlight*-Team zu mir, stellte sich vor und teilte mir mit, Karen habe einen Bus angefordert, damit sie Casper darin filmen konnten. Ich war ein wenig konfus, weil alle mich umschwärmten wie die Bienen den Honig, erklärte mich jedoch einverstanden. Erst dann fiel mir ein, dass ich keine Ahnung hatte, wo Cassie war.

Verzweifelt blickte ich mich um und war sehr erleichtert, als ich sah, dass einer der Fotoreporter mit ihm auf dem Boden lag, ihn kraulte und dabei immer wieder Fotos schoss. Er ging so nett mit Casper um, dass ich mich unbesorgt wieder den anderen Leuten widmete. Während ich mich noch mit ihnen unterhielt, nahm der Fotograf Casper behutsam hoch und flüsterte mir lächelnd zu, er wolle jetzt mit ihm in den Bus steigen. Mir war es nur recht, dass mein berühmter Kater ein bisschen Ruhe bekam und nicht die ganze Zeit im Zentrum der Aufmerksamkeit stand.

Als der Fotograf Casper zurückbrachte, hatte ich bereits jede Menge Interviews gegeben und bekam allmählich ein schlechtes Gewissen, weil ich allen das Gleiche erzählte. Ich hatte ja wirklich nicht gewusst, wo Casper sich den ganzen Tag herumtrieb. Erst nachdem seine Geschichte bekannt geworden war, erfuhr ich allmählich immer mehr darüber. Alle lobten mich und versicherten, ich hätte meine Sache gut gemacht, doch als ich dann auch noch für ein paar Fotos zusammen mit Cassie in den Bus steigen sollte, war ich mit den Nerven am Ende. Schließlich bin ich kein Filmstar und hätte mir nie träumen lassen, mich selbst einmal im Frühstücksfernsehen zu sehen.

Es war eine merkwürdige Fahrt mit der Linie Drei, denn statt normaler Fahrgäste saßen in dem Bus lauter Journalisten und Fotografen, die sich alle voll und ganz auf meinen Kater konzentrierten. Wir fuhren einige Runden, damit jeder zum Zuge kam. Als ich mit Casper auf dem Arm endlich die Haustür hinter mir zuziehen konnte, war ich fix und fertig. Während ich das Teewasser aufsetzte, warf ich einen Blick zu Casper und musste lachen – er schien ebenso erschöpft. Heute hatte er bestimmt keine Lust mehr auf eine Bustour.

»Na, Cassie, das war ein verrückter Vormittag, wie?«, sagte ich zu ihm, als ich mir eine Tasse Tee eingeschenkt und ihm ein Stück Putenbrust gegeben hatte. »Ich weiß nicht recht, ob wir beide wirklich dafür geschaffen sind, aber jetzt haben wir es ja überstanden, und alles geht wieder seinen gewohnten Gang.«

Doch da irrte ich mich gewaltig. Kaum waren die neuen Zeitungsartikel erschienen und die Fernsehberichte gesendet, erreichten mich Briefe aus aller Welt. Die Leute waren so begeistert von Casper und seiner Geschichte, dass sie unbedingt mehr über ihn erfahren wollten. Mir schien, dass viele von ihnen damit eine traurige Leere in ihrem Dasein ausfüllen wollten, denn sie berichteten mir von verstorbenen Haustieren, zerbrochenen Familien und einem Leben in Einsamkeit. Eine Dame schrieb:

Seit ich von Casper gelesen habe, muss ich ständig an die Katzen denken, die ich selbst im Laufe meines Lebens hatte. Schon als ich ein kleines Mädchen war, gab es Kätzchen in unserer Familie, und ich fand es immer schön, wenn ich beim Nachhausekommen schon von einer Katze erwartet wurde. Letzte Weihnachten habe ich nach sechsundfünfzigjähriger Ehe meinen Mann verloren, nachdem bereits einige Monate zuvor unser hübsches Tigerkätzchen Hetty gestorben war. Jetzt, da meine Kinder alle erwachsen sind und selbst Familie haben, hätte ich gern wieder eine Katze zur Gesellschaft, doch das geht leider nicht. Ich habe selbst nicht mehr lange zu leben und fände es nicht richtig, meinen Kindern eine Katze zur Pflege zu hinterlassen. Über Caspers Geschichte musste ich lächeln – und ein bisschen weinen. Ich wünsche Ihnen noch viele glückliche Jahre mit ihm.

Es waren rührende Berichte, und ich freute mich, dass all die viel beschäftigten Menschen sich die Zeit nahmen, mir zu schreiben. Das Mindeste, was ich tun konnte, war, die Ehre zu erwidern, und so beantwortete ich jeden einzelnen Brief und erzählte von kleinen Begebenheiten mit Casper, um den Schreibern das Gefühl zu vermitteln, ihn persönlich zu kennen.

Auch die Aufmerksamkeit der Medien hielt an: Frauenzeitschriften, Tiermagazine, Feuilletonisten und die Verfasser von Webseiten – alle traten sie an mich heran, und Casper wurde immer berühmter. Doch für mich blieb er derselbe. Er stibitzte noch immer Essen, vernachlässigte zuweilen seine Fellpflege, hörte nicht auf mich und ließ sich stundenlang nicht blicken. Aber immerhin wusste ich jetzt, wo er sich herumtrieb. Einer der Journalisten hatte ausgerechnet, dass Casper – sofern die Angaben der Busfahrer stimmten – bereits über dreißigtausend Kilometer zurückgelegt hatte.

Je mehr Berichte über ihn erschienen, desto mehr Informationsbröckchen erreichten mich. Casper war in ganz Plymouth das Gesprächsthema. Eine Bekannte von mir, die einen Taxibus fuhr, unterhielt sich einmal angeregt mit ihren Fahrgästen über Caspers Abenteuer, als eine Dame bemerkte, sie habe ihn schon oft gesehen, sich aber nichts dabei gedacht, bis sie den Artikel in der Zeitung las. So schien es vielen zu gehen. Vielleicht hat es etwas mit der Neigung der Briten zu tun, sich nicht einzumischen – wenn alle taten, als sei eine Katze im Bus etwas völlig Normales, dann wollte niemand der Erste sein, der es ansprach. Also sagte keiner etwas, und Casper konnte ungestört seinem täglichen Vergnügen nachgehen. Ich war nur froh, dass er dabei immer auf die richtigen Leute traf und niemals von einem sturen Paragrafenreiter, dem eine Katze im Bus ein Dorn im Auge war, hinausgeworfen wurde.

Wer sich ganz besonders über unseren reiselustigen Kater wunderte, war Chris, denn er musste häufig lange Touren übernehmen und wusste oft nicht, ob er eine Woche später in Schottland oder in Spanien sein würde. Hin und wieder erzählte er jemandem von unserem seltsamen Kater, aber die meisten dachten wohl, er wolle sie auf den Arm nehmen. Erst als neben der *Sun* und dem *Guardian* so ziemlich jede Zeitung im Land über Casper berichtete, wurde ihnen klar, dass er die Wahrheit gesagt hatte.

Einmal, als Chris auf dem Weg nach Frankreich war, hörte er, wie Sarah Kennedy im Radio über Casper sprach, und dachte mit Stolz an seinen Kater. Da Cassie der plötzliche Ruhm nicht zu Kopf stieg, änderte sich im Verhältnis der beiden nichts. Nach wie vor sprang Casper neben Chris auf den Beifahrersitz, sobald dieser nach seiner Rückkehr in unsere Einfahrt einbog.

Casper machte einfach jeden glücklich: mich, Chris, die Busfahrer und alle Leute, die die Berichte über ihn lasen. Den ewigen Hiobsbotschaften über die Rezession und die steigenden Arbeitslosenzahlen zum Trotz gelang es ihm, die Menschen zum Schmunzeln zu bringen. Einmal sagte Rob zu mir, das Leben sei immer viel zu ernst. Daher freuen wir uns auch so sehr über ein wenig Spaß in unserem oft eintönigen Alltag.

Casper brachte all das nicht aus der Ruhe. Ich dagegen hätte mir gewünscht, jemand hätte mich vorgewarnt und mir einen Tipp gegeben, wie ich mit einem Leben im Rampenlicht umgehen sollte. Doch dafür scheint es keine Gebrauchsanweisung zu geben.

18

Casper: Anleitung für das Leben als Promi

1. Geh davon aus, dass jeder es gut mit dir meint, auch wenn er eine Geschichte über dich schreiben oder ein Foto von dir machen will. Solange es dich nicht an wirklich wichtigen Dingen wie Busfahren oder Schlafen hindert, lass es einfach über dich ergehen. Was kratzt es dich?

2. Verkauf dich nicht bloß unter Wert - jede Berühmtheit hat ihren Preis, und meiner Erfahrung nach lassen sich bei jedem Journalisten ein paar Streicheleinheiten herausschlagen. Damit wollen sie nämlich beweisen, dass sie - entgegen anderen Behauptungen - doch ganz anständige Kerle sind.

3. Komplizierten, zeitraubenden Kram wie Termine, Telefonate und Ähnliches überlass getrost deinem Menschen. Eine Katze mag zwar neun Leben haben, aber Stress kann sie in keinem davon gebrauchen.

4. Spende im Gegenzug deinem Menschen ein wenig Trost und Freude. Menschen machen immer furchtbar viel Aufhebens darum, ob ihr Kopffell gut liegt, sie sich ihr Gesicht bunt anmalen sollen oder ob sie »richtig« angezogen sind. Sollte dein Mensch wieder einmal kopflos durch die Gegend rennen, spring einfach auf die Kleidungsstücke, die er achtlos irgendwo hingeworfen hat, und wälz dich auf den Rücken. Er wird bestimmt entzückt sein, auch wenn sich sein Entzücken darin äußert, dass er einen kleinen Quietscher ausstößt und noch hektischer herumrennt.

5. Wenn es an der Tür klingelt, lauf davon und versteck dich irgendwo, wo man dich sofort entdeckt, aber nicht greifen kann. Das finden die Menschen bestimmt ebenso witzig wie du.

6. Sollten die Menschen dich auffordern, neben einem Bus, mit dem du sonst gar nicht fährst, für ein Foto zu posieren, dann tu ihnen den Gefallen. Es wird sich für dich bestimmt in Form von Putenbruststreifen und Streicheleinheiten auszahlen.

7. Wenn sich die Aufregung dann ein wenig gelegt hat, wird dein Mensch irgendwann rufen »Hör mal!« oder »Sieh dir das an!« Er erwartet dann, dass du dich neben ihn setzt, während er dir etwas aus der Zeitung vorliest oder die lärmige Kiste mit den Flackerbildern einschaltet. Mit diesem Verhalten beweisen die Menschen nur, wie einfach sie gestrickt sind, denn jede Katze weiß doch, dass es viel spannender ist, sich auf einer Zeitung herumzuwälzen oder mit der Pfote nach den bunten Flackerbildern zu schlagen.

8. Bleib auch als Promi auf dem Teppich - nicht weil die Menschen sagen könnten, dir sei der Ruhm zu Kopf gestiegen, sondern weil die Hunde dich auslachen würden. Alles klar?

19

Eine Galerie berühmter Katzen

Casper war natürlich nicht die erste Katze, die mit dem Bus fuhr und dadurch berühmt wurde. Einige Jahre zuvor hatte ich in der Zeitung von einem Kater namens Macavity gelesen, der fast jeden Morgen in den Bus von Walsall nach Wolverhampton stieg und 400 Meter bis zu seiner bevorzugten Fish-and-Chips-Bude mitfuhr. Wie die anderen Fahrgäste berichteten, benahm er sich tadellos. Er war ruhig und unaufdringlich und lenkte niemals die Fahrer ab – genau wie Casper. Ich hätte gern gewusst, ob er und Macavity sich vielleicht früher einmal kennengelernt und über ihr außergewöhnliches gemeinsames Hobby ausgetauscht hatten.

Auch andere Katzen machten Schlagzeilen. Einmal las ich von einem Kater namens Kofi, der beinahe vier Jahre lang verschollen war. Seine Besitzerin, die zwischenzeitlich von Nottingham nach Sheffield zog, vermisste ihn sehr, hatte jedoch die Hoffnung aufgegeben, ihn jemals wiederzusehen. Doch sie hatte nicht mit Kofis Unternehmungslust und Zähigkeit gerechnet. Eines Tages wurde der offenbar herrenlose Kater in Ipswich von Tierschützern aufgegriffen. Er war abgemagert und litt an einem entzündeten Flohbiss. Bei der Behandlung stellte sich heraus, dass er gechippt war, und kurz darauf war er wieder bei seinem überglücklichen Frauchen. Casper hat eine längere Strecke zurückgelegt als die rund 200 Kilometer, die Kofi hinter sich gebracht hat, allerdings auf eine wesentlich bequemere Art und Weise.

Es gibt zahlreiche weitere Fälle, in denen verloren gegangene Katzen nach Jahren zu ihren Besitzern zurückkehrten, so zum Beispiel Dixie aus Birmingham, die neun Jahre brauchte, um wieder nach Hause zu finden. Nach Aussage ihres Frauchens hatte sie sich kein bisschen verändert, aber ich frage mich doch, ob diese Tiere nicht traumatische Erlebnisse hinter sich haben. Dass eine herrenlose Hauskatze so lange überleben kann, grenzt an ein Wunder – vielleicht wurde sie zwischenzeitlich von Menschen aufgenommen, oder sie hatte einfach Glück. Wie dem auch sei, jedenfalls macht es mich immer glücklich, wenn ich höre oder lese, dass so eine kleine Mieze wieder nach Hause gefunden hat.

Die vielleicht erstaunlichste Geschichte, die ich in diesem Zusammenhang gehört habe, war die von Sandi, einem rotweißen Kater aus Portsmouth. Als er eines Freitags nicht nach Hause kam, waren seine Besitzer völlig verzweifelt, denn er war noch nie weggeblieben. Sie verteilten Handzettel und hängten Plakate auf in der Hoffnung, jemand habe Sandi gesehen, und fielen aus allen Wolken, als sie drei Tage später hörten, dass Sandi wieder aufgetaucht war – in Spanien.

Man hatte ihn am Samstagabend an Bord der Fähre *The Pride of Bilbao* entdeckt, die auf dem Weg von Portsmouth zu der spanischen Hafenstadt war. Es wird vermutet, dass Sandi in ein fremdes Auto gesprungen und so auf das Schiff gelangt war. Bei der Ankunft im Hafen sprang er wieder heraus. Zum Glück war er gechippt und konnte daher seinen Besitzern zurückgegeben werden, andernfalls hätte man den armen Kerl bestimmt aus Angst vor Tollwut einschläfern lassen. So jedoch glich seine Heimfahrt einem Triumphzug, mit einer eigenen Kabine und Mahlzeiten mit Hühnchen und Lachs. Es hieß, dass ihn fast die gesamte Besatzung zum Abschied knuddeln wollte und ihn nur schweren Herzens ziehen ließ.

Von einigen unrühmlichen Ausnahmen abgesehen, scheinen mir die Briten insgesamt sehr tierlieb zu sein, ob es nun um Hunde, Katzen oder andere Tiere geht. So reagieren sie in der Regel auch freundlich, wenn sie unerwartet einem Tier begegnen, und sei es auch in einem Bus, einer Apotheke oder einer Arztpraxis.

Da Caspers Erlebnisse auf so reges Interesse stießen, versuchte ich, mehr über Tiere zu erfahren, die bemerkenswerte Reisen unternommen hatten. Derartige Geschichten waren zahlreicher, als ich erwartet hätte, und einige davon möchte ich Ihnen nicht vorenthalten.

Im Laufe der Zeit wurde immer wieder von erstaunlichen Begebenheiten mit Katzen berichtet, die weite Strecken zurüklegten. Das geschah jedoch oft nicht aus Neugier oder weil sie sich verirrt hatten, sondern weil sie beispielsweise auf der Suche nach ihren Jungen waren.

So lebte vor über hundert Jahren eine bemerkenswerte Katze namens Daisy. In Irland geboren, gelangte sie im Jahr 1871 mit Auswanderern nach Oswego im Staat New York, wo sie in den Gebäuden eines Transportunternehmens Ratten jagen sollte.

Wie schon vielen berühmten Damen vor ihr spielte die Natur auch Daisy einen Streich, und sie brachte zwei Junge zur Welt. Doch kurz darauf – die Kleinen waren noch keine Woche alt – war Daisy plötzlich verschwunden. Da sie sich zuvor als liebevolle Mutter erwiesen hatte, war es umso seltsamer, dass sie anscheinend ihre Jungen im Stich gelassen hatte. Einer der Angestellten des Unternehmens mit Namen Mr Pigeon nahm die Kätzchen mit nach Hause und versuchte, sie aufzupäppeln, doch ohne die Fürsorge und die Milch ihrer Mutter starben sie leider.

Viele Wochen später, als einer der Arbeiter über eine Brücke auf dem Werkshof ging, stieß er auf Daisy, die – wie es in einem zeitgenössischen Bericht heißt – wie ein »wandelndes Skelett« aussah. Sie war völlig verdreckt, zerzaust und verletzt, ihr Schwanz nahezu kahl. Schnurstracks lief sie ins Büro, wo sie vor so langer Zeit ihre Jungen zurückgelassen hatte, und begann jämmerlich zu maunzen. In jedem Winkel suchte sie nach den armen Würmchen, die nicht mehr am Leben waren, und ließ sich auch von den Büroangestellten nicht beruhigen.

Einige Zeit später legte ein Schiff aus Ogdensburg, einer etwa 150 Kilometer weiter nördlich gelegenen Stadt, in der

Nähe des Transportunternehmens an. Als der Kapitän den Wirbel mitbekam, den Daisy unter den Arbeitern verursachte, erzählte er, dass er die Katze auf seinem Schiff gefunden hatte. Da er nicht wusste, was er mit ihr anfangen sollte, setzte er sie in Ogdensburg an Land. In panischer Angst um ihre armen Kleinen war sie den ganzen Weg bis nach Oswego zurückgelaufen. Auch nach über hundert Jahren vermag uns dieses Beispiel bedingungsloser Mutterliebe noch zu rühren. Ich wünschte jedenfalls, Daisys Geschichte hätte ein schöneres Ende genommen.

Die Geschichte von Kusja, einem kleinen Kater aus Sibirien, liegt noch nicht so lange zurück. Er war erst zwei Jahre alt, als er verloren ging. Seine Familie, die in Olenjok wohnte, wollte die Sommerferien in einem anderen Teil Russlands verbringen und nahm Kusja mit auf die Reise. Doch bevor sie nach Hause zurückkehrten, lief ihnen der Kater in einer Stadt namens Jakutsk davon. Sie fielen aus allen Wolken, als er drei Monate später wieder vor ihrer Haustür stand – abgemagert, erschöpft, mit Bisswunden und fast vollständig abgewetzten Krallen. Durch Wälder und Berge, über Flüsse und Seen war Kusja tatsächlich über zweitausend Kilometer weit quer durch Sibirien nach Hause gelaufen – was waren dagegen schon Caspers Ausflüge?

Doch es gab Katzen, die noch weitere Entfernungen zurükklegten, wenn auch nicht zu Fuß wie Kusja. Da gab es zum Beispiel den Fall der kleinen Katze Clyde von der australischen Insel Tasmanien. Ein kleines Mädchen hatte Clyde zum Geburtstag bekommen, aber eines Tages lief das Kätzchen fort. Die Familie schaffte eine andere Katze an, die jedoch leider überfahren wurde, worauf die Familie beschloss, sich kein Haustier mehr zuzulegen. Drei Jahre später erreichte sie der Anruf eines Tierarztes aus einer Stadt auf dem australischen Festland, viertausend Kilometer entfernt. Dort hatte eine Krankenschwester fünf Monate zuvor Clyde entdeckt, der sich ins örtliche Krankenhaus verirrt hatte. Sie nahm ihn zunächst mit nach Hause, doch da sie umziehen wollte, brachte sie ihn zum Tierarzt, um etwaige Vorbesitzer ausfindig zu machen. Nachdem der Tierarzt die Chipnummer festgestellt hatte, konnte Clyde zu seiner Familie zurückkehren. Sehr wahrscheinlich hatte der Kater den langen Weg zumindest teilweise in einem Auto oder Lastwagen zurückgelegt, den Heimweg jedoch trat er dann per Flugzeug an.

Katzen sind wirklich unglaublich zäh. Eine wurde einmal versehentlich in einem Cadillac eingesperrt und so von den USA nach Australien verschifft. Das Tier überstand zweiundfünfzig Tage ohne Nahrung, indem es ein wenig Motorschmiere aufleckte und schließlich das Benutzerhandbuch des Wagens auffraß. Dem armen Kerlchen war eben nichts anderes übrig geblieben.

Auch andere Katzen waren zu verzweifelten Taten gezwungen. So fütterte vor einigen Jahren in Kalifornien eine Frau regelmäßig eine Gruppe wild lebender Katzen in der Nähe ihres Arbeitsplatzes. Nach einer Weile gewöhnten sie sich an sie und kamen angelaufen, um zu sehen, was sie ihnen Leckeres mitgebracht hatte. Mit der Zeit lernte die Frau, die einzelnen Tiere auseinanderzuhalten, und war sehr erschrocken, als sie sah, dass einem von ihnen die Schnurrhaare fehlten. Es sah aus, als habe der Kater sie sich abgesengt. Bei näherem Hinsehen bemerkte sie, dass er an einem Hinterbein eine große kahle Stelle hatte, als sei dort das Fell abgenagt worden.

Am nächsten Morgen ging es dem jungen schwarz-weißen Kater noch schlechter – ihm fehlte die gesamte linke Pfote. Daraufhin alarmierte die Frau einen Katzenrettungsdienst, und gemeinsam überlegten sie, was dem Tier wohl zugestoßen war. Sie kamen zu dem Ergebnis, dass das bedauernswerte Geschöpf erkrankte Körperteile selbst benagte, um sein Leben zu retten. Sie mussten den Armen irgendwie einfangen und ärztlich behandeln, sonst wäre er verloren.

Jeden Tag kam der arme Kater gemeinsam mit seiner Mutter zum Futterplatz, doch es gelang ihm jedes Mal, den Rettern zu entkommen, da seine Mutter Wache hielt, während er fraß. Auf diese Art würde ihn die Infektion mit Sicherheit umbringen. Schließlich hatte er sich das gesamte Vorderbein bis fast an die Schulter und ein Hinterbein bis zum Knie bis auf den Knochen wundgenagt – ein grausiges, aber untrügliches Zeichen dafür, dass sein Überlebensinstinkt noch immer stark war.

Schließlich folgten die Helfer dem Kater, den sie »Stubbs« nannten, und seiner Mutter zu deren Unterschlupf, und mit geschicktem Einsatz eines Stücks Brathähnchen als Köder gelang es ihnen, das verletzte Tier einzufangen und in die Tierklinik zu schaffen. Dort stellte sich heraus, dass jemand so unendlich grausam gewesen war, den Kater in Brand zu stecken. Seine vier Pfoten und ein Teil der Hinterbeine waren so schlimm verbrannt und die Schmerzen so entsetzlich, dass es ihm sogar Erleichterung verschaffte, sie zu zerbeißen. Auch ärztliche Hilfe konnte nicht verhindern, dass ihm ein Hinterbein bis zum Knie, ein Vorderbein bis zum Ellenbogen und eine Zehe an der Vorderpfote amputiert werden mussten, aber dennoch hatte letztlich sein unglaublicher Lebenswille triumphiert, und dank guter Pflege und eines neuen Zuhauses nahm die Geschichte doch noch ein gutes Ende.

All diese Begebenheiten zeigen, wie tapfer und entschlossen Katzen sein können. Casper war nur einer von vielen, und ich bin überzeugt, dass es noch Hunderte bemerkenswerter Katzengeschichten gibt. Einige erfuhr ich, indem mir Katzenhalter, die von Casper gehört hatten, von ihren eigenen wunderbaren Tieren erzählten.

So schrieb mir beispielsweise eine Dame aus Edinburgh, dass sie vor einigen Jahren zwei Katzenbabys aus einem Tierheim geholt hatte. Sie nannte sie Harry und Maisie und gewann sie mit der Zeit sehr lieb. Obwohl die beiden Geschwister waren, hatten sie doch ein völlig unterschiedliches Wesen. Harry genoss es sehr, am Kamin oder auf dem Schoß seines Frauchens zu sitzen, wohingegen Maisie nicht besonders verschmust war und meistens nur zum Fressen nach Hause kam.

Eines Tages wollten die Katzenhalterin und ihr Mann umziehen, und damit Maisie am Umzugstag auch mit Sicherheit zu Hause wäre, ließen sie sie etwa eine Woche vorher nicht mehr hinaus. Nach drei oder vier Tagen klopfte es plötzlich an der Tür. Draußen stand ein Mann und wollte wissen, ob Maisie zu Hause sei. Die Dame des Hauses zog die Tür hinter sich zu, damit die Katze nicht entwischen konnte, und fragte den Fremden verblüfft: »Woher kennen Sie denn meine Katze?«

»Ihre Katze kennt doch jeder«, gab er zur Antwort.

Es stellte sich heraus, dass der Mann bei einer Spedition arbeitete und regelmäßig Fahrten in ganz Großbritannien unternahm (Chris musste lachen, als ich ihm diese Geschichte erzählte). Von frühester Jugend an hatte Maisie ihn dabei begleitet. Zwar war sie auch hin und wieder mit anderen Fernfahrern unterwegs, doch dieser Mann war ihr Lieblingsfahrer. Als sie einige Tage lang nicht aufgetaucht war, begann er sich Sorgen zu machen, zumal er fest damit gerechnet hatte, dass Maisie ihn auf einer Fahrt nach Nottingham begleiten würde.

Als die Dame ihm erzählte, dass sie umziehen wollten, war der Fernfahrer tieftraurig. Maisie hatte ihn schon so lange begleitet, dass sie ihm sehr fehlen würde. Die Besitzerin überlegte, ob sie Maisie zurücklassen sollte, doch sie liebte ihre Katze ja auch, und außerdem wäre es sehr ungewohnt für Harry gewesen, wenn seine Schwester auf einmal nicht mehr da wäre.

Nachdem sie mit ihrer Familie nach Schottland aufs Land gezogen war, nahmen Maisies Reisen ein Ende. Sie wurde sesshaft und verlegte sich aufs Jagen. Scherzhaft sagte ich zu Chris, ich hoffte, er werde unseren Katzen nicht untreu, indem er eine fremde Katze mit auf Tour nahm.

Katzen sind ganz bezaubernde Individualisten und immer für eine Überraschung gut. Sie sind mutig und klug, tapfer und zuweilen albern, warmherzig und liebevoll. Aber vor allem sind sie immer ihr eigener Herr. Ich hegte die leise Hoffnung, Caspers Bekanntheit werde ihn schützen, sodass ich in Zukunft etwas ruhiger schlafen könnte.

20

Neun Leben sind nicht genug

Wegen der Straße machte ich mir immer die größten Sorgen. Selbst die Bodenschwellen auf der Poole Park Road konnten die Autofahrer nicht vom Rasen abhalten. Tuppence und Peanut waren brav und blieben im Garten, Casper aber eben leider nicht, denn er interessierte sich einfach zu sehr für die Busse, die ungefähr im Zehn-Minuten-Takt kamen. Jedes Mal, wenn ich ein Motorengeräusch hörte, wurde ich nervös.

Doch dass Caspers Geschichte in die Schlagzeilen gekommen war, beruhigte mich ein wenig, denn nun wussten so viele Leute von ihm und seinen Streifzügen, dass sie bestimmt auf ihn achtgeben würden. Ich hoffte so sehr, sie würden auf unserer Straße langsam fahren für den Fall, dass »diese Katze« unterwegs war.

Nachdem Caspers Tun und Treiben ans Licht der Öffentlichkeit gelangt war, begann ich ihm nachzuspüren, um herauszufinden, wo er sich sonst noch so herumtrieb. Abgesehen von seinen Bustouren ging er aber nicht sehr weit. Wenn er nicht mit dem Bus unterwegs war oder sich im Wartehäuschen aufhielt, faulenzte er meist im Garten. Dennoch – seine Leidenschaft für Fahrzeuge war unvermindert, und so hatte ich nach wie vor Angst, er könnte eines Tages in ein Auto oder einen Lastwagen springen.

Eines Morgens Mitte November hatte ein kleinerer Bus gegenüber von unserem Haus eine Panne. Er gehörte zwar nicht dem Busunternehmen, das Casper so liebte, aber ich befürchtete trotzdem, er könnte aus Neugier hinüberlaufen. Und tatsächlich verließ Casper seinen Beobachtungsposten und rannte schnurstracks über die Straße zum Wartehäuschen. Ich passte noch eine Weile auf, ob er auch wirklich dort blieb, doch er saß friedlich neben dem Fahrer, der offensichtlich auf Hilfe wartete.

Als bald darauf zwei Abschleppwagen eintrafen, dachte ich unwillkürlich: Jetzt haben wir den Schlamassel. Ich lockte Casper mit seinem Lieblingsleckerbissen, doch das Spektakel auf der Straße war viel zu spannend. Endlich, nachdem ich eine halbe Ewigkeit mit meinem Putenbruststreifen gewinkt hatte, bequemte er sich und kam herübergeschlendert, als täte er mir damit einen Riesengefallen. Eilig schloss ich die Tür hinter ihm und nahm mir vor, ihn erst wieder hinauszulassen, wenn alle weg waren.

Doch kurze Zeit später – wie, weiß ich bis heute nicht – gelang es ihm, zu entwischen. Er muss durch die Hintertür geschlüpft sein, denn die Haustür und alle Fenster waren fest verschlossen. Jedenfalls war er weg, und als ich es bemerkte, war der Bus schon abgeschleppt worden, alle Fahrzeuge waren verschwunden, und Casper war nirgends zu sehen.

Als es immer später wurde und er noch immer nicht wiederkam, wurde ich wirklich nervös. »Wo steckst du nur, Casper?«, sagte ich immer wieder vor mich hin. Ich fürchtete, er könnte in den Bus oder in einen der Abschleppwagen gesprungen sein. Mir fiel ein, dass der liegen gebliebene Bus einem Unternehmen namens Target gehörte, und so suchte ich die Nummer der Zentrale in Cornwall heraus und rief dort an.

»Könnten Sie mir bitte helfen, meine Katze wiederzufinden?«, bat ich und erzählte ihnen von Casper, wie sehr er alles liebte, was vier Räder hatte, und schilderte, wie begeistert er beim Abschleppen zugesehen hatte. Als ich mein Gegenüber bat herumzufragen, ob jemand den Kater gesehen hatte, bekam ich zur Antwort, ich solle per E-Mail ein Foto von Casper schicken, damit ihn die Leute im Betriebshof erkannten, falls er sich dort blicken ließ.

Langsam wurde es Abend, und noch immer keine Spur von Casper. Mir fiel ein, dass er vielleicht in einen First-Bus gestiegen und in die falsche Richtung gefahren sein könnte. Daher rief ich völlig aufgelöst Rob vom Kundenservice an, der immer so hilfsbereit gewesen war, und bat ihn, die Fahrer per Aushang zu bitten, nach Cassie Ausschau zu halten. Er war sehr entgegenkommend und tippte den Text bereits ein, während wir noch telefonierten.

Doch nichts geschah, und den ganzen Abend über lief ich zwischen Haustür und Hintertür hin und her, rief Caspers Namen und lauschte verzweifelt auf das leise Klimpern seines Halsbands. Schließlich war ich todmüde und beschloss, zu Bett zu gehen. Ich war überzeugt, Casper müsse sich verlaufen haben, aber jetzt im Dunkeln konnte ich ohnehin nichts tun, und außerdem brauchte ich meine ganze Kraft für den nächsten Tag, wenn ich ihn bis zur Erschöpfung suchen wollte.

Ein letztes Mal schaute ich vor der Tür nach, und da saß er. Ich nahm ihn auf den Arm, küsste ihn, schimpfte ihn aus – von meinen Gefühlen hin- und hergerissen, vor allem aber erleichtert, weil er wieder da war. Er wirkte erschöpft, und seine Pfotenballen waren ganz heiß. »O Casper, mein Schatz, was ist denn bloß passiert?«

Den ganzen Tag über hatte ich mir Sorgen gemacht, und wie es schien, nicht ohne Grund. Als ich Casper ins Licht trug, sah ich, dass seine Fußsohlen knallrot waren. Vermutlich war er wirklich in den liegen gebliebenen Bus oder in einen der Abschleppwagen gestiegen und hatte erst nach einer Weile bemerkt, dass er sich in einer unbekannten Gegend befand. Irgendwo war er dann wahrscheinlich hinausgesprungen und den ganzen Weg nach Hause gelaufen.

Normalerweise fraß er erst einmal, wenn er heimkam, doch jetzt streckte er sich auf dem Fußboden aus, als täte ihm jeder einzelne Muskel weh. Als ich ihm Futter brachte, versuchte er, im Liegen zu fressen, konnte vor Schwäche jedoch kaum den Kopf heben.

Diesmal war es wirklich knapp gewesen – nur gut, dass Casper einen so sicheren Instinkt besaß, der ihn nach Hause geführt hatte. Es dauerte eine ganze Weile, bis er wieder munterer wurde und ihm die Pfoten nicht mehr wehtaten, und einige Tage lang mochte er nicht nach draußen gehen.

Dennoch blieb seine Neigung zum Herumstreifen ungebrochen. Eines Tages auf dem Weg zur Arbeit fragte mich einer der Fahrer von First, ob Casper am Tag zuvor gut nach Hause gekommen sei. Auf meine Nachfrage hin erklärte mir der Mann, Casper sei wie gewöhnlich in seinem Bus mitgefahren. »Aber dann muss ihn irgendetwas erschreckt haben, oder jemand hat ihn vom Sitz geworfen«, fuhr er fort. »Denn er ist an einer ganz anderen Haltestelle ausgestiegen als sonst.«

Diesmal war Casper heil nach Hause gekommen, doch von nun an fürchtete ich bei jedem seiner Ausflüge, es könnte der letzte sein. Es bestand immer die Gefahr, dass er in einen Lieferwagen sprang und der Fahrer unabsichtlich mit ihm davonfuhr.

Immer wieder versuchte ich meinen Kater davon abzuhalten, über die Straße zu laufen, aber er hatte nun einmal seinen eigenen Kopf. Wer weiß, vielleicht hatte er ja auf der Straße gelebt, bevor er zu uns kam. Katzen sind sehr unabhängige Geschöpfe, und vielleicht ist die ständige Angst um sie der Preis, den wir für ihre Gesellschaft zahlen müssen. Ich hätte Casper schon einsperren und anbinden müssen, um ihn im Haus zu halten – und Sie können mir glauben, manchmal hätte ich es am liebsten getan.

Zweimal, während ich arbeiten war, entkam Casper, indem er die ganze Katzenklappe zerstörte. Bei meiner Rückkehr fand ich die Bescherung vor, und der Kater war verschwunden. Es schien, als könne er es einfach nicht ertragen, eingesperrt zu sein. Manchmal gelang es ihm, sich auf leisen Sohlen unbemerkt an mir vorbei nach draußen zu schleichen. Dann saß ich zufrieden auf dem Sofa, freute mich, dass ich Casper im Haus gehalten hatte, und dachte, er schliefe oben ganz brav, während er sich in Wahrheit den ganzen Tag lang draußen herumtrieb und abends verdreckt und ausgehungert nach Hause kam.

Einmal im Sommer, als die Autos vor dem Haus noch schlimmer als sonst zu rasen schienen, nahm ich mir fest vor, ihn diesmal im Haus zu halten. Aber da es so heiß war, musste ich unbedingt ein Fenster öffnen. Was sollte ich also tun?

Am stickigsten war es im Schlafzimmer. Ich musste ein wenig frische Luft hereinlassen, sonst hätten Chris und ich nachts kein Auge zugetan. Also besorgte ich mir im Gartencenter ein Gitter, das ich so vor dem Fenster befestigte, dass ich lüften, Casper sich jedoch nicht hindurchquetschen konnte. Ich hätte mir denken können, dass diese Konstruktion ihn nicht abhalten würde. Schon am selben Abend zwängte er sich irgendwie durch den Fensterspalt, kletterte aufs Dach, sprang von dort aus auf die Mülltonnen hinunter und trottete über die Straße.

Dieser Kater war ein richtiger kleiner Ausbrecherkönig – immer schaffte er es irgendwie, sich zu befreien. Um ihn rund um die Uhr zu überwachen, hätte ich ihm schon einen Sender umhängen müssen, und selbst dann wäre er mir wahrscheinlich noch entwischt. Casper streunte nicht einfach nur gern herum, er war geradezu ein Freiheitsfanatiker. Vielleicht lag es an dem Leben, das er früher geführt hatte, jedenfalls verursachte er mir damit immer häufiger schlaflose Nächte.

21

Wer ist Casper?

Caspers Berühmtheit rief einige Leute auf den Plan, die sich etwas *zu* sehr für Cassies Herkunft interessierten. So rief Edd mich eines Tages an und berichtete mir von einem seltsamen Vorfall. Ein Mann hatte sich bei ihm gemeldet, der behauptete, Casper sei in Wahrheit seine Katze und er wolle ihn wiederhaben. Er plante herzukommen, um mit mir zu reden und sich Casper anzusehen. Edd fragte, ob er dem Anrufer meine Telefonnummer geben dürfe. Was sollte ich tun?

Schließlich war Casper ein »Secondhand-Kater« gewesen, und es war ja möglich, dass er früher einmal bei Leuten gelebt hatte, die ihn nun wiedererkannt hatten. Ich erinnerte mich daran, wie der Tierarzt vor vielen Jahren festgestellt hatte, dass Casper gechippt war. Damals wollte die Dame vom Tierschutz unbedingt, dass der Kater bei mir blieb und nicht wieder in sein altes Zuhause zurückgebracht wurde. Den Grund dafür hatte sie mir nicht genannt – womöglich war der Kater früher misshandelt worden. Um keinen Preis würde ich zulassen, dass solche Leute Casper wiederbekamen.

Wenige Minuten nachdem ich mit Edd gesprochen hatte, rief mich der Mann an. Er machte einen netten Eindruck und sagte, er würde gern mit seiner Frau und den beiden halbwüchsigen Töchtern kommen und sich Casper ansehen – vielmehr »Tom«, wie er ihn nannte. Ich war nervös, als die Familie eintraf, doch Casper zeigte keinerlei Interesse an den Leuten und reagierte auch nicht, als sie ihn bei dem Namen riefen, den sie ihm angeblich gegeben hatten.

Ich fragte sie, wie sie darauf kämen, dass Casper ihr Kater sei, und wie sie ihn verloren hätten. Daraufhin erzählte mir der

Mann, sie hätten »Tom« schon einige Jahre gehabt, als sie sich ein junges Kätzchen anschafften. Von da an hielt sich »Tom« die meiste Zeit bei einer alten Dame in der Nachbarschaft auf. Als sie fortzog, verschwand auch »Tom«. Ich wollte wissen, warum sie nicht früher nach ihm gesucht hatten, bekam jedoch keine direkte Antwort. Außerdem konnte sich die Familie nicht einmal erinnern, ob ihr Kater gechippt war.

Sie spielten weder mit Casper, noch nahmen sie ihn in den Arm oder zeigten Freude darüber, ihn nach so langer Zeit wiedergefunden zu haben. Stattdessen machten sie viele Fotos, worauf ich noch einmal nachfragte, wieso sie ihn für ihren vermissten Kater hielten. Darauf erwiderten sie lediglich, er habe dieselbe Fellzeichnung in Schwarz, Weiß und Braun.

Da wusste ich, dass die Geschichte nicht stimmte. Als Jungtier konnte Casper noch keine braunen Flecken gehabt haben. Die bilden sich nämlich, ähnlich wie Altersflecken beim Menschen, erst nach Jahren, in denen das Tier viel in der Sonne gelegen hat. Seltsamerweise forderten die Leute Casper nicht zurück, sondern verabschiedeten sich einfach und gingen. Ich erzählte Edd davon, doch auch er hörte nie wieder etwas von ihnen. Ich vermute, sie wollten einfach einmal den berühmten Kater aus der Nähe sehen.

Nach dieser Begebenheit rief ich beim Tierregister an, um mehr über Caspers Vorleben zu erfahren, aber es war beinahe wie bei einer Adoptionsagentur – der ganze Vorgang blieb ein Geheimnis. Sie teilten mir lediglich mit, dass er ursprünglich Danny hieß und in Hampshire registriert worden war. So enttäuschend es für mich war, ich musste nun einmal akzeptieren, dass ich niemals seine ganze Geschichte erfahren würde. Sogar als ich nach Caspers Tod noch einmal dort anrief und darauf hinwies, dass ja nun keine Geheimhaltung mehr erforderlich sei, erhielt ich keine Auskunft.

Damals, 2009, hatte ich ohnehin andere Sorgen, denn Jack ging es immer schlechter. Er gehörte zu Chris' Lieblingen, doch ich wusste, dass ich die Entscheidung treffen musste, wann es für ihn Zeit wäre zu gehen. Da er nicht richtig fressen wollte, wurde er immer dünner, und seine Kräfte verließen ihn zusehends. Ich war seit einiger Zeit krankgeschrieben, aber bald würde ich wieder arbeiten gehen müssen, und ich machte mir große Sorgen, weil Jack dann allein bleiben musste. Mittlerweile brauchte er bei fast allen Verrichtungen Hilfe, ich musste ihn beispielsweise zu seinem Futternapf tragen oder in die Katzentoilette setzen.

Eines Tages, etwa eine Woche, bevor ich wieder zur Arbeit musste, war es schrecklich kalt, und ich konnte Jack nirgends finden. Nachdem ich das ganze Haus vergeblich nach ihm abgesucht hatte, wollte ich im Garten nachschauen, auch wenn Jack kaum noch nach draußen ging. Ich öffnete die Hintertür, und dort, in einer Ecke der Terrasse, saß das arme Kerlchen im strömenden Regen. Er hatte sich nicht einmal untergestellt, es schien, als habe er sich aufgegeben. »Oh, Jack!«, rief ich, hob den völlig durchnässten Kater auf und trug ihn schnell ins Warme. »Was hast du dir denn dabei gedacht, du dummes altes Schätzchen?«

Ich versuchte mir einzureden, er sei vom Wolkenbruch überrascht worden, doch in Wahrheit wusste ich, dass etwas mit ihm ganz entschieden nicht stimmte, und ich fragte mich, ob er vielleicht den Verstand verlor. Es schien beinahe, als habe er gar nicht gemerkt, dass es regnete, und wundere sich, warum er auf einmal so nass war. Nachdem ich ihn mit einem Handtuch abgetrocknet und ans warme Feuer gelegt hatte, ermahnte ich ihn: »Mach mir nicht noch einmal solche Dummheiten. Von jetzt an bleibst du besser im Haus, wo ich dich im Auge behalten kann.«

Ich redete mir ein, es sei ein einmaliger Vorfall gewesen, doch wenige Stunden später war der Kater schon wieder verschwunden. Diesmal sah ich gleich auf der Terrasse nach, wo ich ihn auch fand. Er versuchte gerade, in eine alte Waschschüssel zu klettern, die ich im Sommer mit Blumen bepflanzt hatte und in der jetzt das Wasser stand. Der arme kleine Jack hatte schon immer schwache Hinterbeine gehabt, und nun war er völlig entkräftet. Dennoch mühte er sich ab, um in die Schüssel zu gelangen. Da wusste ich, dass die Entscheidung gefallen war, denn wie ich schon befürchtet hatte, war er nicht mehr bei Sinnen.

In den nächsten Tagen drängte er immer wieder hinaus, doch ich wollte ihn unbedingt im Haus halten. Ich hatte Angst, ihn bei meiner Rückkehr nicht mehr vorzufinden. Was, wenn er irgendwo feststeckte und ich ihn vergebens suchte? Ich musste ihn einschläfern lassen. Es ist eine unendlich schwere Entscheidung, aber manchmal muss man sie zum Wohl des Tieres treffen. Diese Ereignisse erinnerten mich daran, dass unser Leben trotz aller Aufregung um Casper weiterging und es nach wie vor Kümmernisse gab.

Der Wirbel um Casper war ein wenig abgeflaut, als ich im Herbst einen Anruf von Karen, der Pressesprecherin von First, bekam. Wie sie mir erzählte, wollte das Unternehmen neue Busse in Betrieb nehmen, die an den Seiten Bilder von Einwohnern – zum Beispiel einem Polizisten, Studenten oder dem Dekan der Universität – tragen sollten. Auch ein Bild von Casper und mir sollte dabei sein. Ich fühlte mich geschmeichelt, aber auch ein wenig beunruhigt beim Gedanken an einen weiteren Fototermin. Karen überredete mich schließlich mit dem Argument, dass es eine nette Geste wäre und bestimmt Spaß machen würde. Wie sie sagte, erkundigten sich noch immer Leute nach Casper, und mit dieser Aktion könne er seinen Status als prominenter Einwohner von Plymouth festigen.

Die übrigen Kandidaten mussten sich ins Büro des Busunternehmens bequemen, um sich fotografieren zu lassen, doch für Casper wurde wie immer eine Ausnahme gemacht. Karen kam zu uns nach Hause, um persönlich die Aufnahmen zu machen. Als ich die fertigen Bilder sah, traute ich meinen Augen kaum – sie waren fast so hoch wie der ganze Bus, und

Casper und ich hatten die Ehre, in Überlebensgröße das erste der nagelneuen Fahrzeuge zu zieren.

Damit ging der ganze Rummel von vorn los, und ehe ich mich versah, erschien unsere Geschichte wieder einmal in Zeitungen und Magazinen. Mittlerweile erkannten mich die Leute, wenn ich irgendwo an einer Bushaltestelle stand, aber alle waren freundlich zu mir.

Das bestärkte mich in der Überzeugung, dass es sehr viele tierliebe Menschen gab. Mein ganzes Leben lang hatte ich geglaubt, ich sei die Einzige, die eine derartige Zuneigung zu Tieren empfand. Manchmal hatte ich mich sogar gefragt, ob es noch normal war, wie nahe mir Grausamkeiten gegen Tiere gingen. Ich träume noch heute davon, ein eigenes Tierheim zu führen. Sollte ich einmal in der Lotterie gewinnen, dann würde ich mir einen großen, alten Bauernhof mit viel Land drumherum kaufen und dort nicht nur Hunde und Katzen aufnehmen, sondern auch Esel, Vögel, Pferde und alles, was da kreucht und fleucht.

Mit zunehmendem Alter mische ich mich eher ein, wenn ich mitbekomme, dass jemand grausam oder gedankenlos mit einem Tier umgeht. Ich habe auch Kontakte zu anderen Tierschützern geknüpft, beispielsweise zu einer Gruppe namens AWOL (Animal Welfare of Luxor, www.awol-egypt.org), die von einem englischen Ehepaar, Pauline und Graham Warren, geleitet wird und sich für Esel in Ägypten einsetzt. Sie versuchen, Aufklärungsarbeit zu leisten und die Ägypter darüber zu informieren, wie grausam es ist, die Tiere anzuketten oder festzubinden. Abend für Abend fertigt das Ehepaar weiche Gurtgeschirre für die Esel von Luxor und Umgebung. Dann gehen sie damit zu den Besitzern, die ihre Esel noch immer anketten oder ihnen Fesseln anlegen, und bieten ihnen an, die neuen Gurte gegen die alten, üblen Gerätschaften einzutauschen. Außerdem stellen sie reflektierende Halsbänder für Hunde in kleinen Größen her, denn leider Gottes tragen viele Hunde schlimme Halsverletzungen davon, wenn sie mit Draht oder harten Seilen angebunden werden. In wenigen Jahren ist es Pauline und Graham gelungen, ein gutes Verhältnis zu den Menschen in Luxor aufzubauen und ihren Respekt zu gewinnen. Sie nehmen auch Hunde und Katzen auf und besitzen mittlerweile eine ganze Menagerie. Ihre Arbeit wird durch Spenden aus aller Welt unterstützt, und auch ich tue, was ich kann, um ihnen zu helfen. Wenn wir dorthin in Urlaub fahren, nehmen wir Verbandsmaterial, antiseptische Salben und weitere Utensilien mit.

Sollten Sie einmal nach Luxor reisen, dann unterstützen Sie bitte AWOL und bringen Sie ihnen ein wenig medizinisches Zubehör und Hundehalsbänder mit. Sie helfen damit dem reizenden, engagierten Ehepaar bei seinem Einsatz für die Sicherheit und das Wohlergehen der Tiere in Ägypten. Ein Kontakt ist über ihre Website möglich.

Überhaupt möchte ich jedem raten, im Ausland die Augen offen zu halten und nicht alles einfach hinzunehmen. Wenn Sie Zeuge werden, wie ein Tier geschlagen oder anderweitig misshandelt wird, und nicht einschreiten, dann machen Sie sich mitschuldig an seinem Leid. Die meisten dieser Länder leben vom Tourismus, und wenn wir alle deutlich zu verstehen geben, dass wir dieses Verhalten nicht hinnehmen, wird sich vielleicht etwas ändern. So etwas hätte ich früher nicht zu sagen gewagt, aber Casper hat mir die Augen dafür geöffnet, dass viele Menschen ebenso empfinden wie ich. Durch Casper habe ich gute Menschen kennengelernt, verwandte Seelen, die denselben Traum haben wie ich, und ich hoffe, wenn wir gemeinsam die Stimme erheben, können wir etwas bewirken.

Sollte jemand unter Ihnen, liebe Leserinnen und Leser, sich schrecklich einsam fühlen, dann geben Sie doch einer herrenlosen Katze ein Heim. Es gibt keinen treueren Freund als eine Katze, und was Sie ihr geben, bekommen Sie hundertfach zurück. Wenn Sie eine Katze aufnehmen, werden Sie es nie bereuen – ebenso wenig wie ich.

22

Die Welt blickt auf Plymouth

Manchmal war die Berichterstattung über Casper so lustig, dass ich laut lachen musste, wie zum Beispiel der allererste Bericht, in dem es hieß, dass die Busfahrer an der Haltestelle immer abzählten: »Mensch, Mensch, Mensch, Katze, Mensch, Mensch …« Außerdem wurden in den Zeitungen Witze über Casper, die »Bus-Pussi«, gemacht, die noch nicht einmal eine Monatskarte hatte.

Marc, der Geschäftsführer des Busunternehmens, erwähnte einmal, wie gern er nach einem anstrengenden Arbeitstag die Casper-Geschichten las. In jeder Konferenz oder Besprechung gab es jemanden, der den vierbeinigen Fahrgast erwähnte, und einmal diskutierten sie darüber, ob Casper einen Hundefahrschein lösen müsse, obwohl er nach Katzenjahren eigentlich schon ein Senior sei und somit kostenlos mitfahren dürfe.

Wie Rob dachte auch Marc anfangs, man wolle ihn auf den Arm nehmen, als er gebeten wurde, in einem Interview über eine Katze zu sprechen, die bevorzugt mit der Linie Drei seines Unternehmens fuhr. Doch als immer neue Geschichten über Casper im Betrieb die Runde machten, musste er es schließlich glauben, zumal ihn Karen vorgewarnt hatte, welch große öffentliche Resonanz die Geschichte auslösen würde. Seither hat mir Marc schon von Affen und Papageien erzählt, die im Bus mitgenommen wurden, ein Kater als Fahrgast erscheint mir daher gar nicht mehr so seltsam.

Nachdem Marc sich dazu durchgerungen hatte, den Berichten Glauben zu schenken, wartete er jeden Tag darauf, dass Casper in seinem Bus mitfahren würde. Es mag seltsam klingen, aber obwohl er der Geschäftsführer ist, sitzt Marc manchmal noch selbst am Steuer. Er war richtiggehend beleidigt, weil Casper ihn noch nie mit seiner Anwesenheit beehrt hatte. Dafür musste er sich die Witzeleien seiner Freunde und Kollegen anhören, die ihm rieten, in Interviews zu erzählen, wie »katzastrophal« ihn die berühmteste Katze von Plymouth behandelte. Jedenfalls nutzte Marc jede Gelegenheit, sein Unternehmen ins rechte Licht zu rücken, indem er betonte, dass Casper die Busse von First wegen ihres guten Service bevorzugte. Dem konnte ich nicht widersprechen.

Unter den Fahrern kam es zu regelrechten Eifersüchteleien darüber, wie oft Casper in welchem Bus mitgefahren war, und jeder der »Auserwählten« bestand darauf, dass der Kater eben einen guten Geschmack besitze.

Auch Marcs Verhalten bestärkte mich in meinem Glauben an die Gutmütigkeit und den Humor der Briten. Solange Casper keine Probleme verursachte und die Kunden sich nicht beklagten, versicherte mir Marc, dürfe er ungehindert weiter mitfahren. Marc fand das nur recht und billig, mir hingegen erschien es außergewöhnlich großzügig.

Achtunddreißig Städte namens Plymouth gibt es auf der Welt, doch mein kleiner Kater rückte diese eine in den Mittelpunkt des allgemeinen Interesses. Noch nie hatten die Menschen dort erlebt, dass eine örtliche Begebenheit weltweit Aufmerksamkeit erregt hatte. Viele der Fahrer erzählten mir, dass ihre Kinder sie abends bei ihrer Heimkehr als Erstes fragten, ob Casper bei ihnen mitgefahren sei. So sorgte der Kater für Gesprächsstoff innerhalb der Familien. Ein älterer Fahrer berichtete, seine Frau und sein Sohn hätten sich seit Jahren nicht mehr für seine Arbeit interessiert, doch plötzlich könnten sie es kaum erwarten, dass er nach Hause kam, um ihnen vielleicht über ein Erlebnis mit dieser lustigen Katze zu berichten.

Selbst Marcs Sohn Liam, der noch ganz klein war, begriff schon ein wenig von den Geschichten, die sein Papa über die Katze im Bus erzählte. Rob, der Fahrer, der so oft mit Casper in der Zeitung abgebildet war, hatte zwei kleine Töchter, Caitlin und Libby, die ganz fasziniert von den Fotos waren, die ihren Vater mit Casper zeigten. Für sie war ihr Papa auf einmal berühmt, und sie wollten unbedingt den Kater kennenlernen, der auf den Bildern zu sehen war.

Einmal unterhielt ich mich an der Haltestelle mit einem jungen Mädchen und fragte, ob sie Casper schon einmal begegnet sei. »Nein«, antwortete sie, »aber mein Vater hatte ihn schon mal in seinem Bus.« Alle kannten Casper! Ein paar Tage später traf ich Mike, den Vater des Mädchens. Von ihm erfuhr ich, dass seine fünf Kinder und vier Enkelkinder allesamt von Casper gehört hatten und dass regelmäßig im Familienkreis die neuesten Geschichten über ihn erzählt wurden. Mike hatte Casper schon oft in seinem Bus befördert und ihn noch öfter am Wartehäuschen gesehen – schon bevor die Geschichte publik wurde. Wie er mir erzählte, lieben Katzen Wartehäuschen und halten sich häufig dort auf. Doch dass eine von ihnen tatsächlich in den Bus stieg, hatte er vorher noch nie erlebt.

Darüber musste ich lächeln, doch was er mir dann erzählte, jagte mir einen heillosen Schrecken ein. Casper drehte offenbar nicht nur die Runde mit der Linie Drei, sondern stieg manchmal auch am Square aus, lief über die Straße und wechselte in den Bus nach Saltash. Mike bemerkte scherzhaft, dass Cassie dort wohl etwas zu erledigen habe, weil er immer so zielstrebig wirke. Mir jedoch wurde ganz kalt vor Angst. Wie weit fuhr dieser Kater eigentlich, und wie vielen Gefahren war er jeden Tag ausgesetzt? Mike, der selbst Katzen aus dem Tierschutz hat, wusste, dass ich mir Sorgen machte, doch ich konnte nichts tun außer die Daumen drücken, sobald mein Kater das Haus verließ.

Wookie, ein anderer Fahrer, ist in Plymouth selbst so etwas wie eine Berühmtheit, vor allem wegen der witzigen Accessoires, die er immer dabei hat: Die große Schaumstoffhand mit dem hochgereckten Daumen, die er dankend aus dem Fenster hält, wenn ein Kollege ihm beim Losfahren die Vorfahrt lässt, die Sherlock-Holmes-Mütze mit Ohrenklappen und Schirm, die er bei jedem Wetter trägt, und den skurrilen grünen Stoffaffen, der ihn stets begleitet. Einmal machte Wookie Fotos von Casper und dem Affen, wie sie sich eine Portion Pommes teilen, und stellte sie bei Facebook ein. Wookie ist ein britischer Exzentriker, wie er im Buche steht, und ich bin sicher, dass er und Casper sich vorzüglich verstanden hätten, wenn Cassie jemals bei ihm mitgefahren wäre. Oft schien er drauf und dran zu sein, entschied dann aber offenbar, dass er neben dem knallgrünen Affen nicht ausreichend zur Geltung käme.

Ich war ganz stolz auf meinen kleinen Kater, wenn ich von den Fahrern hörte, dass er bei ihnen zu Hause das Thema des Tages war, denn unsere Gesellschaft ist oft so zerrissen, und die Menschen stehen unter Druck, weil sie Beruf und Familienleben unter einen Hut bringen müssen. Da ist es eine willkommene Abwechslung, wenn man sich über ein so nettes Thema wie einen Kater im Bus unterhalten kann. Das galt nicht nur für die Fahrer und die Angestellten des Busunternehmens, sondern auch für die Fahrgäste.

So schrieb mir ein Herr, nachdem er Caspers Geschichte in der Zeitung gelesen hatte:

Liebe Sue,
mit großem Interesse habe ich von Ihrem entzückenden Kater gelesen. Vor längerer Zeit lebte ich in einem kleinen Bundesstaat der USA, wo ich als Lehrer tätig war. Als ich dort anfing, hielt sich immer ein ganz kleines rot-weißes Kätzchen, fast noch ein Welpe, auf dem Schulhof auf, und die Lehrer wussten nicht recht, was sie mit ihm anfangen sollten. Es handelte sich um eine Schule für Kinder mit Lernbehinderung, wie man heute wohl sagen würde. Damals machte man sich noch nicht so viele Gedanken um Bezeichnungen – und leider oft auch nicht um die Bedürfnisse der Kinder. Sie liebten das Kätzchen, aber besonders zwei von den Lehrern bestanden darauf, das Tier gehöre nicht auf den Schulhof. Die Diskussionen um diese Katze verrieten mir mehr über das Klima an der Schule, als ich sonst in

Jahren hätte erfahren können. Die Schulleiterin hatte die Katze »Betsy« getauft, nach einer Katze, die sie selbst als Kind besessen hatte, einige Lehrer jedoch weigerten sich standhaft, das Tier auch nur einmal bei diesem Namen zu rufen, und zeigten damit überdeutlich, wie wenig sie die Schulleiterin mochten. Die ganze Zeit über, während ich an der Schule unterrichtete, gab es dieses Gerangel um die Katze, und das waren immerhin vier Jahre. Dabei fiel mir auf, dass Kinder, die an einer Allergie litten oder aus anderen Gründen keine Haustiere haben durften, regelrecht strahlten, wenn die kleine Rote zu ihnen gelaufen kam. Andere Kinder, die sich schon an ihr eigenes Versagen und ständige Niederlagen gewöhnt hatten, blühten förmlich auf, sobald sie das Kätzchen im Arm hielten. Sie schafften es immer, behutsam mit ihr umzugehen, und das Tier schien genau zu wissen, was die Kinder brauchten. Später kehrte ich nach England zurück. Ich habe nie erfahren, was aus Betsy wurde. Doch als ich jetzt in der Zeitung von Casper las, musste ich wieder an damals denken. Ich möchte wetten, Ihr Kater hat den Menschen mehr Hoffnung und Zuneigung geschenkt, als Sie ahnen. Ich habe jetzt selbst drei Katzen und staune jedes Mal, wie genau sie spüren, was uns fehlt. Mir scheint, auch Casper ist eine solche »Menschenkatze« und hat ganz schnell erkannt, was seinen Mitreisenden guttut.
Jim aus Manchester

Auch ich hätte zu gern gewusst, was aus Betsy geworden war.

Meine Katzen zeigten sich immer außerordentlich einfühlsam uns und ihren Artgenossen gegenüber, und Casper schien da keine Ausnahme zu bilden. Jedenfalls war ich sehr stolz auf ihn, weil er Familien miteinander ins Gespräch brachte und Menschen, die ihn täglich sahen, ein wenig Freude schenkte.

23

Mit vereinten Kräften

Ich weiß aus eigener Erfahrung, wie viel Trost eine Katze spenden kann, wenn man traurig ist. In dem Jahr, bevor wir Casper bekamen, ging es Chris sehr schlecht, und wir waren ziemlich sicher, dass er an Nierensteinen litt. Eines Morgens vor der Arbeit ging er zum Arzt, um sich Blut abnehmen zu lassen, und schon am selben Abend war das Ergebnis da.

Chris wurde dringend geraten, auf der Stelle nach Hause zu gehen und sich am folgenden Nachmittag in der hämatologischen Abteilung unseres örtlichen Krankenhauses vorzustellen. Wie betäubt fuhren wir am nächsten Tag ins Krankenhaus und fragten uns, was er mit Nierensteinen in der Hämatologie sollte. Sofort nach unserer Ankunft wurden wir ins Sprechzimmer der Fachärztin gerufen und erfuhren von ihr, was Chris fehlte.

»Es tut mir leid, dass ich es nicht schonender ausdrücken kann«, sagte sie, »aber Sie haben Leukämie.«

Bei diesen Worten sah ich mich instinktiv um. Mit wem redete sie da? Doch wohl nicht mit uns. Wir waren doch hier, weil Chris Nierensteine hatte. Bestimmt irrte sich die Ärztin, dachte ich. Vielleicht waren die Unterlagen vertauscht worden. Leukämie? Das war doch Krebs. Chris konnte doch keinen Krebs haben, das war einfach unmöglich!

Natürlich meinte sie wirklich meinen Mann. Angesichts dieser Diagnose waren wir am Boden zerstört. Ich glaube, alle, die schon einmal in einer solchen Lage waren, fühlten sich ebenso einsam und verlassen wie wir. Worte drangen in unser Bewusstsein, die niemand hören will: chronisch-myologisch, Onkologie, Chemotherapie. Es sind Worte, die Angst machen, und wenn sie sich auf den Menschen beziehen, mit dem man sein Leben teilt, dann ist es, als ob eine Bombe explodiert. Man will am liebsten die Uhr zurückdrehen – nicht um Wochen oder Monate, sondern nur bis zu dem Augenblick, bevor das Wort »Krebs« fällt.

Ich hatte jahrelang in der Krankenpflege gearbeitet und dachte, ich würde die richtigen Worte finden. Doch hier ging es um Chris, den Mann, der mein Leben verändert hatte. Er hatte mich glücklich gemacht und so sein lassen, wie ich immer sein wollte. Er hatte mir beigestanden, als ich selbst krank war, und war immer so lieb gewesen. Niemand verdient es, Krebs zu bekommen, und wahrscheinlich finden alle Betroffenen es schrecklich ungerecht, aber Chris hatte doch wirklich nie jemandem etwas zuleide getan. Wir hatten im Laufe der Zeit schon so viel durchgemacht, dass uns dieser erneute Schicksalsschlag unglaublich grausam erschien, erst recht, da er uns so unvorbereitet traf. Wie wir im Krankenhaus erfuhren, hatte die Untersuchung bei Chris' Hausarzt am Tag zuvor (uns schien es eine Ewigkeit zurückzuliegen) ergeben, dass seine Milz etwa auf das Dreifache vergrößert war – ein erster Hinweis auf Blutkrebs. Die Zahl seiner weißen Blutkörperchen betrug 150 000 gegenüber einem Normalwert von 5 000. Ohne rechtzeitige ärztliche Behandlung wäre er innerhalb von sechs Monaten tot gewesen. So hatte er wenigstens eine Chance, aber es würde alles andere als leicht werden.

Es war eine schreckliche Zeit. Chris musste sich einer ausgesprochen unangenehmen Knochenmarksbiopsie – der Entnahme von Knochenmark – sowie ständigen Blutuntersuchungen unterziehen. Fünf Mal in einem Jahr wurde sein Knochenmark untersucht. Da Chris anfangs weder auf die Chemotherapie noch auf die Injektionen ansprach, überwies ihn sein behandelnder Arzt zwecks alternativer Behandlungsmöglichkeiten an einen Spezialisten in London. Es sah wahrhaft nicht rosig aus, doch dieser Arzt gab uns wieder einen Funken Hoffnung. In den USA war ein neues Medikament erprobt worden. Die Ergebnisse waren hervorragend, allerdings war das Medikament in Großbritannien bisher nicht anerkannt. Wir mussten uns mit dieser Auskunft begnügen, obgleich uns klar war, dass der Facharzt in dem neuen Mittel die einzige Hoffnung für Chris sah. Abgesehen von diesem Medikament gab es kaum noch etwas, was die Ärzte für ihn tun konnten.

Chris' eigener Arzt beweifelte jedoch, dass das Gesundheitsamt einer Behandlung mit dem neuen Mittel zustimmen würde, da sie mehr als 17 000 Pfund im Jahr kostete. So viel gab das Budget einfach nicht her. Ich war wütend, aber was konnte ich schon tun? »Ziehen Sie nach Schottland«, riet uns der Arzt. »Dort teilen sie das Mittel aus wie Bonbons. Und in der Zwischenzeit schreibe ich an das Gesundheitsamt und warte ab, was sie sagen. Aber ich fürchte, die Chancen stehen schlecht. Es tut mir wirklich leid.«

An diesem Abend gingen Chris und ich sehr niedergeschlagen nach Hause. Seine Zukunft lag in den Händen anonymer Bürokraten, die nur ihre Bilanzen im Blick hatten, ohne zu bedenken, was es für uns bedeutete, wenn sie uns das Medikament verweigerten. Ich klammerte mich an die Worte des Arztes. Es machte mir nichts aus umzuziehen, schließlich hatte ich das schon so oft getan. Und diesmal hätten wir einen besseren Grund dafür als bloß meine innere Unruhe. »Lass uns doch nach Schottland ziehen«, sagte ich zu Chris. Er hatte dort schon oft beruflich zu tun gehabt und mochte die Gegend, und ich hätte alles getan, um seine Überlebenschancen zu verbessern. Wir diskutierten bis in die Nacht hinein, und ich hätte am liebsten schon am nächsten Tag meine Siebensachen gepackt, doch Chris, der praktischer veranlagt ist, schlug vor, erst die Antwort der Gesundheitsbehörde abzuwarten. Vielleicht gäbe es ja noch eine freudige Überraschung.

Doch unsere Hoffnung war vergeblich – der Antrag wurde abgelehnt.

Unser Arzt war sehr erbost. Er hatte mittlerweile Nachforschungen angestellt und war derselben Meinung wie sein Londoner Kollege. Dieses Medikament wäre für Chris die größte Chance. Wieder und wieder versuchte er, die Gesundheitsbehörde mit seinen Argumenten zu überzeugen, doch sie blieb stur. Am Ende stellte er uns trotzdem das Rezept aus.

Es war ein wahres Wundermittel. Innerhalb eines Jahres befand sich Chris in Vollremission, was die Behörde derart überzeugte, dass sie von nun an das Mittel großzügiger genehmigte. Doch das konnte mich nicht beruhigen. Es machte mich einfach wütend, dass die Gesundheit und das Leben meines Mannes so wenig galten. Hätte er das Medikament nicht bekommen, dann wäre er wohl heute nicht mehr am Leben, und das gilt auch für all die anderen Menschen, die das Mittel erst aufgrund seines Falles erhielten.

Die Katzen spürten damals, dass es Chris furchtbar schlecht ging, und verhielten sich ihm gegenüber ganz sanft und behutsam. Stets saß einer der kleinen pelzigen Begleiter an seiner Seite, wenn Chris zu schwach war, um sich zu rühren, oder vor lauter Übelkeit nicht einmal aus dem Sessel aufstehen konnte. Während sich Menschen einem Schwerkranken gegenüber oft unbehaglich fühlen, gehen Tiere ganz selbstverständlich damit um und helfen und trösten mit ihrer liebevollen Art.

Besonders Ginny kuschelte sich ständig an Chris und bewies ihm ihre Zuneigung auch dadurch, dass sie ihm Würmer oder junge Frösche mitbrachte. Sie legte die unversehrten Beutetiere vor ihm ab, als wolle sie ihm ein Geschenk machen. Vielleicht möchten Katzen ebenso für uns Menschen sorgen wie wir für sie.

Langsam erholte sich Chris, und es schien, als seien wir noch einmal davongekommen. Vielleicht konnten wir ja nun unser normales Leben wiederaufnehmen, ohne uns ständig Sorgen machen zu müssen. Caspers Abenteuer brachten Freude in unser Leben, und schließlich gelang es ihm sogar, meinen Groll auf die Menschheit zu mildern.

24

Caspers Tod

Am vierzehnten Januar 2010 um Viertel vor neun klopfte es an meiner Tür. Der Augenblick, den ich immer gefürchtet hatte, war gekommen.

Ich war noch nicht ganz angezogen, als ich das Klopfen hörte. Zuerst dachte ich, es sei ein Lieferant, der verfrühte Postbote oder eine Nachbarin. Doch in Wahrheit wusste ich es. Ich wusste, wenn ich jetzt die Treppe hinunterging und die Tür öffnete, würde mir der Boden unter den Füßen weggezogen. Verfügen wir über eine Art sechsten Sinn für drohendes Unheil? Nicht immer – ein nächtlicher Anruf kommt oft unerwartet, und ein verhängnisvoller Brief kann einschlagen wie ein Blitz aus heiterem Himmel. Dennoch – ich hatte schon des Öfteren böse Vorahnungen gehabt, und an diesem Tag sträubte sich alles in mir dagegen, die Tür zu öffnen und mich dem zu stellen, was mich erwartete. Aber leider blieb mir keine andere Wahl.

Vor der Tür stand eine Dame, die ich flüchtig kannte. Sie wohnte in derselben Straße, und ich sah sie oft mit ihrer kleinen Tochter an unserem Haus vorbeigehen. Dann grüßten wir uns und wechselten ab und an ein paar Worte über Casper, nach dem sie sich immer freundlich erkundigte. Doch jetzt war sie kreidebleich und zitterte.

»Es tut mir so leid«, sagte sie. »Ich weiß gar nicht, wie ich es Ihnen sagen soll … es geht um Casper. Er ist angefahren worden.«

Ich hatte es bereits geahnt, doch jetzt wurden meine schlimmsten Albträume Wirklichkeit. Wie durch einen Tunnel vernahm ich die Stimme der Frau, und ihre Worte drangen nur bruchstückhaft in mein Bewusstsein …

Es war ein Auto … ein Taxi …

Es fuhr zu schnell … raste geradezu …

Wäre er doch bloß eine Sekunde früher oder später über die Straße gelaufen … So hatte er keine Chance …

Ich hörte einen Knall … Casper … Casper …

Wie die Frau berichtete, war sie die Poole Park Road entlanggegangen, als sie von hinten ein Auto kommen hörte. Plötzlich gab es einen so lauten Knall, dass sie sich umdrehte. Ein Taxi kam in einem Tempo herangerast, dass sie rasch ihre kleine Tochter vom Bürgersteig auf den Grünstreifen drängte aus Angst, das Kind könnte überfahren werden. Das Taxi raste an ihr vorbei, ohne abzubremsen. Nachdem ihr Kind in Sicherheit war, drehte sich die Frau um, um zu sehen, was da so geknallt hatte.

Es war Casper. Er war angefahren worden.

Rasch zog ich mir einen Mantel über mein Nachthemd, während ich ihr weiterhin mit halbem Ohr zuhörte. »Er lebt noch, Sue. Ich habe gesehen, wie er sich über die Straße schleppte. Vielleicht wird er ja wieder.« Die Verzweiflung in ihrer Stimme versetzte mich in Panik. Ich ließ die Frau mit ihrem Kind an der Hand wortlos stehen und rannte hinaus, um nach Casper zu sehen.

»Ich glaube, er ist unter ein parkendes Auto gekrochen!«, rief sie mir noch nach, doch da hatte ich ihn schon selbst entdeckt. In der Einfahrt unserer Nachbarn hockte Casper zitternd und verängstigt unter ihrem Wagen. Ich nahm ihn auf den Arm und rannte zurück ins Haus. »Danke«, sagte ich leise zu der Frau.

Casper war am Leben, aber nur noch gerade so eben.

Ohne einen Laut ließ sich mein Liebling aufs Sofa legen und zudecken. Dann hastete ich die Treppe hinauf und zog mich an. Ich musste ihn zum Tierarzt bringen. Während ich nach den erstbesten Kleidungsstücken griff, versuchte ich, Caspers Bild aus meinem Kopf zu verdrängen und mich stattdessen darauf zu konzentrieren, dass er ja noch bei mir war. Ich würde alles tun, was in meiner Macht stand, um ihn zu retten. Nie wieder würde ich meinen geliebten Kater aus den Augen lassen. Ich wollte Türen und Fenster fest verriegeln, und wenn es sein musste, weit weg aufs Land ziehen. All das nahm ich mir im Stillen vor, um nicht daran denken zu müssen, was ich gesehen hatte, als ich ihn aufhob. Sein Hinterleib war ganz schlaff gewesen, als habe er keine Kontrolle mehr darüber, und ich hatte die entsetzliche Befürchtung, dass sein Rückgrat gebrochen war. Tierärzte können Wunder wirken, murmelte ich vor mich hin, doch zugleich wusste ich, wie lange es dauern würde, bis ich ein Taxi gerufen hatte und mit Casper zum Tierarzt gefahren war.

Ich hatte Cassie nicht einmal eine Minute lang allein gelassen, aber in dieser kurzen Zeit war es ihm trotz seiner schrecklichen Verletzungen irgendwie gelungen, sich vom Sofa zu schleppen. Jetzt lag er vor der Haustür.

Plötzlich lief alles wie in Zeitlupe ab.

Eben noch hatte ich mich vor Eile beinahe überschlagen, doch jetzt war mir, als sei die Uhr stehen geblieben. Mein wundervoller Casper lag in den letzten Zügen. Um das zu erkennen, brauchte ich keinen Tierarzt und kein medizinisches Wissen. Es war einfach so. Dies war das Ende.

Ich legte mich zu ihm auf den Fußboden und streichelte ihn unablässig. Ich weiß nicht, ob er bei Bewusstsein war, aber ich musste ihm einfach tröstliche Worte ins Ohr flüstern.

Was ich zu ihm sagte? Ich erinnere mich nicht.

Was ich in diesen letzten Augenblicken empfand? Ich weiß es nicht.

Zärtlich hielt ich meinen Kleinen im Arm, als er diese Welt verließ.

Der Schmerz war schier unerträglich, aber noch viel schlimmer wäre es gewesen, hätte ich nicht bei ihm sein können. Das war so wichtig für mich, auch wenn es mir wahrhaftig das Herz brach.

25

Die schwerste Zeit

Ich musste etwas unternehmen. Zwar war ich sicher, dass Cassie von mir gegangen war, aber es gab noch etwas, das ich für ihn tun musste. Mein ehemals so prachtvoller Kater konnte nicht einfach dort auf dem Boden liegen bleiben. Ich musste ihn zum Tierarzt bringen, wo man ihn würdevoll behandeln würde.

Mit Händen, die nicht mir zu gehören schienen, hob ich meinen geliebten Casper auf und wickelte ihn behutsam in eine Decke.

Ich musste mich beeilen, denn die Praxis schloss vormittags bereits um zehn Uhr. Mir blieb nur noch eine Viertelstunde. Um nicht vor verschlossener Tür zu stehen, gab ich rasch telefonisch Bescheid, dass Casper überfahren worden war und ich ihn bringen wollte.

Als ich an der Praxis ankam, war es bereits nach zehn, doch sie warteten noch auf mich. Die Arzthelferin war furchtbar traurig, denn sie hatte Cassie sehr gerngehabt und viel von ihm in der Zeitung gelesen. Der Rest dieses Besuches verschwimmt ein wenig in meiner Erinnerung. Ich wusste, dass Casper tot war; dafür brauchte ich keine Bestätigung, doch ihn zum Tierarzt zu bringen, war für mich so etwas wie ein Abschluss, wie der Versuch, bis zum letzten Augenblick für ihn zu sorgen. Vielleicht musste ich es nur einmal laut aussprechen: *Casper ist tot.*

Für Casper hatte ich keine Worte mehr. Ich küsste ihn noch einmal zum Abschied, dann verließ ich ihn, ohne mich noch einmal umzudrehen. Er war fort – meinen Cassie gab es nicht mehr, und ich konnte nichts daran ändern.

Chris war seit kurz nach Weihnachten unterwegs, wollte jedoch an diesem Abend zurückkommen. Ich rief ihn an und berichtete ihm unter Tränen, was vorgefallen war und dass ich sehnsüchtig auf seine Rückkehr wartete. Ich weinte den ganzen Vormittag – wie sollte es auch anders sein? An diesem schwarzen Tag hätte ich doch nicht so tun können, als sei nichts geschehen.

Immer wieder standen mir die Bilder vor Augen, wie die Dame mit dem kleinen Kind sie mir geschildert hatte. Wenn sogar sie den Aufprall gehört hatte, dann musste doch auch der Taxifahrer bemerkt haben, dass er etwas angefahren hatte. Warum hatte er nicht angehalten? War es ihm egal gewesen? Und wenn es beim nächsten Mal ein Kind war?

Ich musste unbedingt etwas unternehmen. Ich rief bei der Polizei an und berichtete einer Beamtin, was geschehen war. Daraufhin erfuhr ich, dass es keine gesetzliche Verpflichtung gab anzuhalten, wenn man eine Katze anfuhr. Bei einem Hund war es etwas anderes. Das erschien mir furchtbar ungerecht. Da der Fahrer meiner Meinung nach eine Gefahr darstellte, bat ich noch einmal darum, dass sie ihn zumindest ausfindig machen und überprüfen sollten. Die Polizistin war sehr mitfühlend, erwiderte jedoch, da sei nichts zu machen. Um jemanden wegen Gefährdung des Straßenverkehrs zu belangen, waren zwei Zeugen erforderlich, die Anzeige erstatten mussten.

Bekümmert über diese Ungerechtigkeit und niedergedrückt von meinem Verlust legte ich mich aufs Sofa. Ich fühlte mich so allein. Doch dann, als hätte es mir jemand zugeflüstert, erkannte ich, dass ich gar nicht allein war. Es gab Menschen, die Casper geliebt hatten und sich um ihn sorgten. Sie hatten das Recht, von seinem Tod zu erfahren, und ich musste es ihnen sagen. Zuerst rief ich Edd vom *Plymouth Herald* an. Anfangs fiel es mir schwer, ihm alles zu erzählen, doch als ich merkte, wie erschrocken und zugleich mitfühlend er reagierte, wusste ich, dass ich das Richtige getan hatte. Da Casper seit Langem ein wahrer Publikumsliebling war, sollten die Menschen, die sich an seinen Abenteuern erfreut hatten, alles erfahren. Casper, so erkannte ich in diesem Augenblick, gehörte nicht mir allein, sondern allen, die ihn ins Herz geschlossen hatten.

Nachdem Edd mir versprochen hatte, schnellstmöglich eine Meldung in die Zeitung zu setzen, beschloss ich, als Nächstes Rob anzurufen. Um diese Tageszeit hielten die Busfahrer bestimmt schon Ausschau nach Casper und fragten sich, ob er wohl bereits an der Haltestelle wartete und heute bei ihnen mitfahren würde. Bei dem Gedanken, dass sie noch gar nicht wussten, was ihm zugestoßen war, und ihn nie wiedersehen würden, wurde ich schrecklich traurig.

Mit zitternden Händen und einem Kloß im Hals rief ich Rob an. »Hallo, Sue«, begrüßte er mich fröhlich wie immer. »Was kann ich heute für Sie tun?« In knappen Sätzen erzählte ich ihm alles und bat ihn, Karen und den anderen Bescheid zu sagen. Auch er war hörbar erschüttert, versprach jedoch, praktisch wie er war, die anderen zu verständigen. Zum Schluss bat er mich noch, gut auf mich achtzugeben.

Ich legte mich wieder aufs Sofa und überlegte ein wenig ratlos, was ich jetzt tun sollte. Ich hatte diejenigen verständigt, die am meisten mit Casper zu tun gehabt hatten, und konnte mich darauf verlassen, dass sie die Nachricht weitergeben würden. Doch der Realität eines Lebens ohne ihn musste ich mich nun allein stellen.

Das Haus war leer ohne Casper, aber heute spazierte er nicht draußen herum oder wartete auf den Bus. Er saß auch nicht unter der Hecke und beobachtete die vorbeigehenden Hunde. Er war fort, und nichts konnte ihn mir zurückbringen. Immer wieder schweiften meine Gedanken ab, doch ich verbot mir, daran zu denken, wie er ausgesehen hatte, als ich ihn unter dem Wagen hervorholte und aufs Sofa legte, oder wie er vor der Tür und später in der Tierarztpraxis gelegen hatte. Das alles war vorbei, und es tat nur weh, sich daran zu klammern.

Während ich einsam und allein zu Hause saß, schlug die Nachricht von Caspers Tod ein wie eine Bombe. Wie schon einmal hatte Rob einen Aushang im Busdepot gemacht, diesmal jedoch aus einem traurigen Anlass.

KATER CASPER IST TOT

HEUTE MORGEN ERFUHR ICH DIE TRAURIGE NACHRICHT, DASS DER KATER CASPER NICHT MEHR LEBT. ER WURDE VON EINEM AUTO ANGEFAHREN UND STARB AN SEINEN VERLETZUNGEN. SEINE BESITZERIN SUE HAT MICH GEBETEN, ALL DENEN HERZLICHEN DANK ZU SAGEN, DIE SICH IM BUS UM CASPER GEKÜMMERT UND SICH NACH IHM ERKUNDIGT HABEN.

VIELEN DANK – ROB

Jo, einer der Fahrer, erzählte mir später, dass die Mitarbeiter im Busdepot regelrecht erschüttert waren. Sie hatten sich so an Casper und seine lustigen Streiche gewöhnt, dass sie ihn beinahe als einen der ihren betrachteten, und nun war er nicht mehr da. Natürlich hatte man damit rechnen müssen, da er nun einmal die Angewohnheit hatte, über die Straße zu laufen. Doch mit der Zeit hatten einige wohl angenommen, diesem außergewöhnlichen Kater könne nichts Schlimmes geschehen. Das hatte ich, offen gestanden, nie so gesehen, sondern mich ständig um ihn gesorgt und mich vor dem schrecklichen Tag gefürchtet.

Die Stunden dehnten sich endlos, bis Chris nach Hause kam. Ich hörte seinen Wagen und konnte mir vorstellen, was er jetzt fühlte, da kein Casper ihm entgegenlief. Verzweifelt fiel ich ihm um den Hals und ließ meinen Tränen freien Lauf. Jetzt erst erschien mir alles real. Und so endgültig.

26

Ruhe in Frieden, Casper

Edd hielt Wort, und wenige Tage später erschien die Meldung von Caspers Tod im *Plymouth Herald.*

Berühmter Kater von Auto überfahren

Der vielgeliebte Kater aus Barne Barton, dessen Geschichte um die Welt ging, ist bei einem Autounfall ums Leben gekommen.

Casper war in Plymouth zu einiger Berühmtheit gelangt, da er immer brav in einer Reihe mit den übrigen Fahrgästen an einer Bushaltestelle wartete, bevor er in den Bus sprang und eine Runde durch die Stadt fuhr.

Seine untröstliche Besitzerin ist überzeugt, dass sie nie wieder eine Katze wie Casper finden wird.

»Ich hätte nie gedacht, dass mir ein Tier so fehlen könnte wie er«, so Sue Finden. »Er war einfach nur lieb und mochte die Menschen so gern – ein ganz besonderes Tier.«

Von einer Nachbarin hatte sie erfahren, dass Casper von einem Auto angefahren wurde, dessen Fahrer nach dem Zwischenfall nicht einmal anhielt.

Casper starb, kurz nachdem Mrs Finden ihn ins Haus geholt hatte.

»Wenn er an einer Krankheit gestorben wäre, hätten wir uns darauf vorbereiten können, aber so … Besonders schlimm war, dass der Autofahrer einfach weitergefahren ist – wir konnten es kaum fassen.«

Sue hatte nichts von Caspers Streifzügen geahnt, bis er ihr eines Tages in einen Bus nachlief und der Fahrer von First Devon and Cornwall ihr erzählte, der Kater sei schon seit Längerem sein Fahrgast. Dabei führte Caspers übliche Route von seinem Haus in der Poole Park Road über St Budeaux Square, HMS Drake, Keyham, Devonport und Stonehouse bis zur Endstation an der Royal Parade und wieder zurück.

Bald verbreitete sich seine Geschichte weltweit, und in Zeitungen und auf Websites erschienen Schlagzeilen wie »Kater beim Schwarzfahren ertappt« oder »Freifahrtschein für Casper, den reisenden Kater«, und er wurde zum Liebling der Busfahrer und Fahrgäste, die darauf achteten, dass er immer heil nach Hause kam.

Mrs Finden fand es »nur recht und billig, dass die Öffentlichkeit von seinem Tod erfährt. Er hatte so viele Freunde, die nicht vergeblich an der Haltestelle auf ihn warten sollen.« Sie machte einen Aushang am Wartehäuschen.

Marc Reddy, der Geschäftsführer von First Devon and Cornwall, drückte sein Mitgefühl mit folgenden Worten aus: »Als wir erfuhren, dass Casper bei einem Verkehrsunfall getötet wurde, waren wir sehr bestürzt, denn wir alle kannten den Kater, der regelmäßig mit der Linie Drei durch Plymouth fuhr. Auch unsere Fahrer waren sehr traurig über seinen Tod und sprachen Susan ihr Beileid aus.

Casper wird vielen Menschen als ein Kater in Erinnerung bleiben, der ein bemerkenswert aufregendes Leben führte. Er ist weit in Plymouth herumgekommen, und ich stelle mir vor, dass er jetzt den Katzenhimmel erkundet und den anderen Katzen dort oben von seinen zahlreichen Abenteuern erzählt.«

Casper war so beliebt, dass sein Bild auf einem der Busse von First Devon and Cornwall prangt.

Mr Reddy hierzu: »Wir werden Caspers Foto noch für eine Weile an dem Bus lassen und hoffen, dass sein Anblick ein Trost für seine Halterin Susan ist.«

Er fügte noch hinzu, dass Caspers abenteuerliche Fahrten mit dem Bus bald in einer Fernsehsendung für Kinder gezeigt werden sollten, und schloss mit den Worten: »Casper wird in unserer Erinnerung weiterleben.«

Wie die Redaktion von Mrs Finden erfuhr, wurde Casper in einem örtlichen Tierkrematorium eingeäschert. Sie möchte noch einmal der Dame danken, die ihr die Nachricht von Caspers Unfall brachte.

Für die Fahrgäste hängte ich im Wartehäuschen einen Zettel mit einem Bild von Casper auf. Der Text lautete:

Viele Anwohner kannten Casper, der alle Menschen mochte und leidenschaftlich gern mit dem Bus fuhr. Leider wurde er am Donnerstag, dem 14. Januar, morgens gegen Viertel vor neun von einem Auto überfahren, dessen Fahrer noch nicht einmal anhielt. Wir haben Casper sehr geliebt und vermissen ihn schrecklich … Er war ein ganz besonderes Tier. Unser Dank gilt allen, die ihn gernhatten.

Die Nachricht von Caspers traurigem Ende verbreitete sich wie ein Lauffeuer, besonders nachdem weitere Zeitungen Edds Bericht aufgegriffen hatten. Auf Facebook wurde eine Casper-Seite eingerichtet, und schon bald gingen Beileidsbekundungen aus aller Welt ein. Fremde Menschen sprachen mir ihr Mitgefühl aus, und ihre freundlichen Worte rührten mich zutiefst.

Unter allen Katzen auf der Welt warst du, Casper, geradezu legendär. Wie gern hätte ich einmal neben dir im Bus gesessen. Mein herzliches Beileid für dein Frauchen, deine Freunde beim Busunternehmen und alle, die dir nahestanden. Dem gemeinen Kerl, der dich überfahren und nicht angehalten hat, um dir zu helfen, wünsche ich, dass er seine gerechte Strafe bekommt.
Träum süß, mein Kätzchen.
Vix

Der arme kleine Kater! Ich habe immer so gern von seinen Abenteuern gelesen.
Kev

Was für eine Tragödie! Herzliches Beileid an Susan, das Busunternehmen mit seinen netten, rücksichtsvollen Fahrern sowie an alle Fahrgäste, die das Glück hatten, mit diesem klugen, außergewöhnlichen Kater im selben Bus zu sitzen. Ruhe in Frieden, Casper. Wir alle lieben dich!
Noni

Es ist erstaunlich, wie diese Katze sogar die Herzen der Menschen jenseits des Großen Teichs rühren konnte. Ruhe in Frieden, Casper. Du warst ein ganz besonderer Kater.
Chris

Ich war so traurig, als ich hörte, was dem armen Casper zugestoßen ist. Derjenige, der ihm das angetan hat, gehört für immer weggesperrt. Wie kann man nur so grausam sein, einfach weiterzufahren und ein armes, hilfloses Tier sterben zu lassen! Ich hoffe nur, die himmlische Gerechtigkeit wird dafür sorgen, dass der gemeine Kerl seine Strafe bekommt. Ich habe selbst eine außergewöhnliche Katze, die schon zweimal angefahren wurde. Gott sei Dank wurde sie rechtzeitig gefunden und konnte gerettet werden, aber ich war jedes Mal am Boden zerstört. Daher fühle ich mit Casper und seinen Besitzern. Ruhe in Frieden, Casper, und mein aufrichtiges Beileid an alle, die Casper kannten und liebten. Ich hoffe, er kann auch im Jenseits glücklich und zufrieden mit einem himmlischen Bus fahren.
Evelyn

Ruhe in Frieden, Casper – und eine gute Fahrt in den Himmel.
David

Es ist genauso schrecklich, ein Tier zu verlieren, wie einen Angehörigen. Schließlich gehören sie ja zur Familie.
Sarah

Da wurde nicht bloß irgendeine Katze überfahren, sondern eine echte Persönlichkeit!
Matt

Ich habe immer gedacht, jeder hasst es, mit dem Bus zur Arbeit zu fahren, und dann kommt dieser Kater daher und stößt mein Weltbild um. Ich werde ihn nie vergessen.
Thomas

Wie furchtbar traurig!!! Als ich das erste Mal von Casper las, musste ich so lachen. Ruhe in Frieden, Casper, du liebe kleine Katzenseele, und alles Liebe deiner Familie.
Emma

Die Nachricht hat mir schier das Herz gebrochen. Wie kann man nur so grausam sein und einfach weiterfahren? Ein dickes Dankeschön an all die netten Fahrer von First in Plymouth, die sich um Casper gekümmert haben. Vielleicht könnte ja jemand aus Plymouth in unser aller Namen ein paar Blumen für Casper an der Haltestelle ablegen.
Paul

Ich finde es so schade, dass ich nie mit Casper im selben Bus gefahren bin. Der coolste Kater aller Zeiten!
Annie

Ich war so traurig, als ich vom Tod dieses einzigartigen Katers hörte. Zum ersten Mal las ich in einer Zeitschrift von Casper und seinen täglichen Busausflügen, und ich hatte viel Freude an den Geschichten über seine Abenteuer. Doch selbst wenn ich jemals nach England kommen sollte, werde ich nun nicht mehr die Chance haben, mit ihm im selben Bus zu fahren. Er war wirklich einmalig. Mein tief empfundenes Mitgefühl gilt seiner Besitzerin und seinen vielen Freunden, die ihn gernhatten.
Michelle

So ging es noch endlos weiter. Wie viele Menschen hatten von Casper gelesen und empfanden seinen Tod als Verlust! Es wird oft behauptet, der Zusammenhalt zwischen den Menschen werde immer schwächer, je kleiner unsere Welt durch die moderne Technik wird. Das mag zum Teil zutreffen, ich jedoch habe durch das Internet Tausende neuer Freunde gewonnen. Jedes Mal, wenn mir die Lücke, die Casper in meinem Leben hinterlassen hatte, zu schmerzlich bewusst wurde, brauchte ich mich nur einzuloggen, und schon erreichten mich weitere mitfühlende Zuschriften. Wieder einmal hatte Casper etwas Unglaubliches fertiggebracht.

Nachdem die Geschichte von Caspers Tod in allen großen britischen Zeitungen erschienen war, erhielt ich persönliche Briefe von Herausgebern und Journalisten aus dem ganzen Land. Die Beileidsbekundungen nahmen kein Ende, und viele von ihnen waren ganz rührend. Dennoch wünschte ich mir, sie wären nicht nötig gewesen. Casper war ohne Vorwarnung aus dem Leben gerissen worden, und auch wenn ich jedes Mal trauerte, wenn eins meiner Tiere starb, traf mich der Tod dieses außergewöhnlichen Katers doch ganz besonders hart. Ich wusste, wenn das öffentliche Interesse mit der Zeit nachließ, wäre ich irgendwann allein mit meinen Erinnerungen an Casper, von denen viele so schön waren. An diese klammerte ich mich, doch der Schmerz war noch zu frisch, und ich wusste einfach nicht, wie ich es ohne meinen geliebten Kater aushalten sollte.

27

Die Regenbogenbrücke

Die Leute wollten nett zu mir sein, aber oft wusste ich nicht, was ich ihnen erwidern sollte. Viele fragten mich, was mit Cassie geschehen sei. Ich verstand zuerst nicht, was sie meinten. Er war tot. Er war überfahren worden. Was gab es da noch zu sagen? Dann wurde mir klar, dass sie wissen wollten, was mit seinen sterblichen Überresten geschehen war. Wie ich bereits erwähnte, begrabe ich meine Katzen nie im Garten, weil ich sie bei einem Umzug nicht zurücklassen will. Manche fragten mich, ob ich Caspers Asche behalten hätte, was ich entschieden verneinte. Alle meine Tiere werden nach ihrem Tod gleich behandelt, und auch wenn Casper etwas Besonderes war, wollte ich ihn nicht den anderen vorziehen. Das Einzige, was mich ein wenig tröstet, ist die Hoffnung, dass sie alle miteinander im Katzenhimmel sind.

Kurz nach Caspers Tod hörte ich zum ersten Mal von der Regenbogenbrücke. Wenn ein Mensch und ein Tier sich besonders nahestanden, so heißt es, dann geht das Tier nach seinem Tod zur Regenbogenbrücke und wartet dort auf seinen Menschen. Auf einer Website findet sich eine anschauliche, wenngleich traurige Darstellung, deren Verfasser unbekannt ist. Diese Zeilen waren mir ein großer Trost.

Es gibt eine Brücke zwischen Himmel und Erde, die man die Regenbogenbrücke nennt.
Wenn ein Tier stirbt, das einem Menschen besonders eng verbunden war, dann macht es sich auf den Weg zu dieser Brücke.
Dort sind Wiesen und Hügel, auf denen unsere Freunde nach Herzenslust rennen und spielen können.

Es gibt immer reichlich Futter, Wasser und Sonnenschein, sodass es unseren Freunden an nichts mangelt.
Alte, kranke Tiere werden wieder jung und gesund, und jene, die verletzt und verstümmelt waren, sind plötzlich wieder stark und unversehrt, so, wie wir sie von früher in Erinnerung haben.
Alle Tiere sind hier glücklich und zufrieden, nur eines fehlt ihnen: der Mensch, der ihnen so viel bedeutet hat und den sie zurücklassen mussten.
So rennen und spielen die Tiere Tag für Tag miteinander, bis eines von ihnen plötzlich innehält und in die Ferne schaut. Sein Blick ist gespannt, sein ganzer Körper bebt vor Aufregung. Plötzlich löst es sich von den anderen und rennt über die grüne Wiese davon – schneller und schneller, als flöge es dahin.
Es hat dich entdeckt, und schon schließt du es fest in die Arme, und ihr beide seid wieder vereint. Eure Freude ist groß, denn nichts kann euch mehr trennen. Es bedeckt dein Gesicht mit Küssen, und du streichelst ihm den Kopf und blickst wieder in die vertrauensvollen Augen des geliebten Tieres, das vor langer Zeit aus deinem Leben, aber niemals aus deinem Herzen gegangen ist.
Und dann geht ihr gemeinsam über die Regenbogenbrücke …

Mehrere Zeitungen, die eine Meldung über Caspers Tod brachten, griffen dieses Bild von der Regenbogenbrücke auf, und meine Freundin Alice aus Cumbria erklärte mir in einer E-Mail die Idee, die dahintersteht. Je länger ich darüber nachdachte, desto plausibler erschien es mir, doch bei dem Gedanken an die vielen Tiere, die dort auf mich warteten, musste ich schmunzeln – das würde ja einen regelrechten Ansturm geben!

Eigentlich glaube ich nicht unbesehen an so etwas, sondern nur an Dinge, die sich zweifelsfrei beweisen lassen, doch vor über zwanzig Jahren hatte ich ein Erlebnis, das meine Skepsis ziemlich ins Wanken brachte. Seit Caspers Tod musste ich oft an dieses Erlebnis denken, denn es kam dem Beweis für ein Leben nach dem Tod ziemlich nahe.

1987 hatte mein Sohn Greg einen schlimmen Autounfall. Dabei wurde er so schwer verletzt, dass es schien, als werde er nicht überleben. Greg wurde nur noch künstlich am Leben erhalten, und die Ärzte baten mich sogar schon um die Einwilligung, seine Nieren entnehmen zu dürfen – sein Tod stand offenbar kurz bevor. Da die Beziehung zwischen mir und seinem Vater sehr schlecht gewesen war, hatten wir Greg nie taufen lassen, und das belastete mich nun stark. Angesichts seines drohenden Todes befiel mich regelrechte Panik, weil er diesen Segen der Kirche nie empfangen hatte, und daher beschlossen Chris und ich, die Taufe jetzt nachzuholen.

Nach dem Taufgottesdienst war Gregs Zustand weiterhin äußerst kritisch. Die Ärzte beschlossen, die lebenserhaltenden Geräte abzuschalten, um die endgültige Entscheidung herbeizuführen. Es sah alles sehr schlecht aus. Da man mir gesagt hatte, dass das Gehör als letztes Sinnesorgan noch funktionierte, redete ich beruhigend auf Greg ein. Es war kaum zu glauben, aber Greg überlebte und befand sich bald auf dem Weg der Besserung. Allerdings war er schwer traumatisiert und wurde überaus gewalttätig. Sogar mich griff er mehrmals an, wobei ich allerdings glaube, dass er mich nicht erkannte. Bei einem meiner Besuche schlug er mir mehrere Zähne aus. Schließlich wurde er derart unberechenbar, dass wir ihn ins Armeehospital verlegen lassen mussten, obwohl er kein Soldat war.

Ich hatte Angst vor meinem eigenen Sohn, zumal Greg ein kräftiger Bursche war. Er trug am ganzen Körper Tattoos und überragte mich um einiges. Ich besuchte ihn, so oft ich konnte, doch offen gestanden graute mir schon bald vor diesen Tagen, weil ich nie wissen konnte, was geschehen würde. An seinem Gesundheitszustand konnte man nicht viel ändern; er litt an Hüft- und Rückenproblemen und hatte einen Schädelbruch und weitere Verletzungen erlitten. Als man ihn schließlich in die Psychiatrie verlegte, dachte ich, jetzt sei es aus mit ihm. Gregs Mitpatienten waren suizidgefährdet, und ich befürchtete, sie könnten einen negativen Einfluss auf ihn haben. Chris und ich versuchten, ihm das Leben ein wenig leichter zu machen, doch unsere Anstrengungen schienen vergebens.

Als ich eines Morgens mit schwerem Herzen in Gregs Zimmer trat, saß er zu meiner Überraschung aufrecht im Bett und lächelte mir zu. »Hallo, Mum«, sagte er fröhlich. »Ich muss dir was erzählen.« Ich erschrak darüber, wie sehr er sich über Nacht verändert hatte, und fragte: »Was ist denn los? Was ist passiert?«

Greg erwiderte, es sei an der Zeit für ihn, wieder auf den rechten Weg zu kommen, und ihm sei wieder eingefallen, was seine Großmutter zu ihm gesagt hatte. Seine Großmutter?, dachte ich. Sie war seit einem Jahr tot.

»Weißt du, ich habe sie nämlich gesehen«, fügte er hinzu. »Ich habe Großmutter gesehen.«

»Ach, tatsächlich, mein Schatz?«, erwiderte ich mit sanfter Stimme, um ihn nicht aufzuregen.

Greg lachte leise. »Ich bin nicht verrückt. Ich weiß, dass sie tot ist, aber trotzdem, im Krankenhaus habe ich sie gesehen.«

»Wann war denn das?«

»Als sie die Geräte abgeschaltet haben«, antwortete er. »Ich ging durch einen hell erleuchteten Tunnel, als ich sie plötzlich sah. Ich dachte, sie erwartet mich, aber das stimmte nicht. Sie schickte mich zurück und sagte, es ist noch nicht so weit. Da habe ich getan, was sie sagte, und bin zurückgekommen.«

Bis heute haben wir nie wieder über den Vorfall gesprochen. Ich war so froh, dass Greg wieder einigermaßen normal war und wir die schlimme Zeit überstanden hatten. Er hat seither sehr viel durchgemacht bei dem Versuch, seinen Körper und sein Leben wieder in den Griff zu bekommen, doch an jenem Tag auf der psychiatrischen Station wurde ich Zeugin einer erstaunlichen Veränderung, und ich glaube, der Grund dafür war die Erinnerung an diese wunderbare Begebenheit.

Greg ist nicht der Typ, der an Engel oder Geister glaubt, und gerade deshalb bin ich umso überzeugter, dass er tatsächlich dieses Erlebnis hatte. Ich selbst habe mich immer geradezu geängstigt, an derartige Dinge zu glauben, doch nun konnte ich mich einfach nicht damit abfinden, dass Cassie tot war. Ich wollte es zumindest für möglich halten, dass es mehr Dinge zwischen Himmel und Erde gibt, als wir wissen, und ich würde mich freuen, wenn Casper es mir bewiese. Es soll Menschen geben, die glauben, dass die Seele eines Tieres, das eines jähen Todes stirbt, irgendwie »hängen bleibt«. Sie kann erst dann ihren Weg fortsetzen, wenn das Tier akzeptiert, dass es nicht mehr zur Welt der Lebenden gehört. Wenn es dann endlich so weit ist, können seltsame Dinge geschehen. So haben schon Menschen, die es gar nicht vorhatten, ganz spontan eine Katze aufgenommen, nur weil diese sie an ein früheres Haustier erinnerte. Oder sie schauen sich im Tierheim ein Dutzend Tiere an, ohne sich für eines entscheiden zu können, und plötzlich sitzt so ein kleines Wesen vor ihrer Tür und es ist, als habe ihnen jemand die Entscheidung abgenommen. Ich frage mich, ob dabei wohl die Seele der verstorbenen Katze einen Einfluss ausübt. Hat sie vielleicht das neue Tier geschickt, damit es sich um ihre trauernden Besitzer kümmert? Solche Gedanken gehen mir immer wieder durch den Kopf. An manchen Tagen finde ich Trost darin, dann wieder schimpfe ich mit mir selbst, dass ich so einen Unsinn glaube. Ob Casper mir wirklich eines Tages eine Botschaft schickt, wird sich zeigen. Ich hoffe es.

Immer wieder hielt ich Ausschau nach einem Zeichen. An dem Tag, als Casper starb, stand etwas über ihn in der Zeitung, und auf der anderen Seite war ein erschreckender Bericht über einige bedauernswerte Katzen zu lesen. Es handelte sich um einhundert Perserkätzchen, die Tierschützer gerettet hatten. Die Tiere waren derart verwahrlost, dass man sie komplett scheren musste.

Diese Kätzchen gingen mir nicht mehr aus dem Sinn, und in den Tagen nach Cassies Tod überlegte ich immer wieder, ob das ein Zeichen war. Wollte mir jemand damit sagen, dass ich einem dieser armen gequälten Tierchen ein Zuhause geben sollte? Chris sagte, ich könne ruhig eines davon aufnehmen, wenn ich wollte, doch ich war hin- und hergerissen. Es war einfach noch zu früh nach Caspers Tod, und ich war noch nicht so weit. Dennoch …

Ich wurde das Gefühl nicht los, dass es da eine Verbindung gab. Also ging ich ins örtliche Tierheim und erkundigte mich, was ich tun müsse, um eine Katze zu adoptieren. Die Mitarbeiterin erwiderte, ich müsse einige Formulare ausfüllen und mich mit einer Vorkontrolle einverstanden erklären. Als sie mich schließlich fragte, ob ich schon einmal eine Katze gehabt hätte, konnte ich nicht länger an mich halten. Aufgeregt sprudelte ich die ganze Geschichte mit Casper hervor, worauf die Dame erwiderte, sie könne nicht riskieren, dass ein weiteres Tier auf dieselbe Weise umkam. Ich solle es doch mit einem anderen Haustier versuchen, riet sie mir. Als ich ihr sagte, dass ich unbedingt eines der verwahrlosten Perserkätzchen aus der Zeitung haben wolle, erfuhr ich, dass es zu spät war.

»Das ist schon Monate her, auch wenn es erst jetzt in der Zeitung stand«, erklärte sie mir. »Wir haben sechzehn von ihnen aufgenommen, zwei sind an den Folgen der Misshandlungen gestorben, die übrigen haben inzwischen alle ein gutes Zuhause gefunden.«

Dann bot sie mir an, die anderen Katzen anzusehen, doch ich konnte mich nicht dazu überwinden. Ich war nach wie vor überzeugt, dass es eine Verbindung zwischen Casper und den Perserkatzen gab, weil sie am selben Tag in der Zeitung gestanden hatten.

Noch immer ganz aufgewühlt, ging ich nach Hause. Wenn sechzehn der Kätzchen ins hiesige Tierheim gekommen waren, was war dann aus den übrigen vierundachtzig geworden? In den folgenden Tagen wandte ich mich an Tierheime im ganzen Land und suchte im Internet auf allen möglichen Webseiten – vergebens. Die meisten der Kätzchen waren offenbar bereits vermittelt, andere schienen verschwunden. Es sollte eben einfach nicht sein. Ich musste mich damit abfinden, dass ich viel Zeit mit einer sinnlosen Suche vergeudet hatte.

Ob ich nun wirklich an eine Botschaft glaubte oder mir das alles einfach half, über die ersten schlimmen Tage ohne Casper hinwegzukommen – wer weiß? Jedenfalls war es mir nicht vergönnt, mich um eines der armen Kätzchen zu kümmern, und ich musste mir ein anderes Objekt meiner Zuneigung suchen.

28

Tröstliche Worte

Es dauerte nicht lange, da boten mir verschiedene Leute eine »neue« Katze an. Sicher meinten sie es gut, aber ich hätte es einfach nicht fertiggebracht, so kurz nach Caspers Tod eine andere Katze ins Haus zu holen. Da ich noch um ihn trauerte, wäre es ungerecht dem neuen Tier gegenüber gewesen, und außerdem wäre es mir wie ein Verrat an Casper vorgekommen. So leicht war er nicht zu ersetzen. Das gilt für jede Katze. Sie alle sind Individualisten mit ganz eigenem Charakter, auch wenn Casper besonders hervorstach.

Davon abgesehen hatte ich schreckliche Angst wegen der Straße. Ich hatte schon immer befürchtet, Casper könnte eines Tages überfahren werden, und nun war meine Befürchtung tragischerweise eingetreten. Wer sagte denn, dass dasselbe nicht auch der nächsten Katze passierte? Ich habe alle meine Katzen innig geliebt und möchte auf keine dieser Erfahrungen verzichten, doch ich muss gestehen, dass es mir jedes Mal, wenn eine von ihnen stirbt, ein wenig das Herz bricht. Wir alle besitzen eine enorme Liebesfähigkeit, aber der Verlust so vieler wunderbarer Tiere hat mir gezeigt, welch hohen Preis wir für diese Liebe zahlen. Mit diesem Gefühl stehe ich natürlich nicht allein da. Die vielen Briefe und E-Mails, die mich nach Caspers Tod aus aller Welt erreichten, machten mir deutlich, dass Trauer keine Grenzen kennt. Jeder, der schon einmal ein geliebtes Tier verloren hat, wusste, wie ich mich fühlte. Unter all den Berichten über Haustiere ging mir besonders die Geschichte eines jungen Mädchens zu Herzen, das mir von den Tieren erzählte, die es geliebt und schließlich verloren hatte, und deren Brief ich hier gern wiedergeben möchte.

Liebe Sue,
ich hoffe, Sie sind mir nicht böse, dass ich Ihnen jetzt schreibe, da Sie noch immer um Casper trauern.

Als ich sechs war, gingen mein kleiner Bruder und ich in ein Tierheim und holten uns drei Kätzchen. Sie waren alle wunderschön und sahen völlig verschieden aus, obwohl sie aus einem Wurf stammten. Molly war ganz klein und hatte ein Fell wie grauer Samt, Freddie war viel größer mit grauen und weißen Streifen, und Oscar war getigert. Auch in ihrem Wesen unterschieden sie sich voneinander. Als sie zu uns kamen, waren sie noch zu klein, um die Treppen hinaufzuklettern, doch bald wurden sie ziemlich frech, und Oscar nahm sogar Anlauf durchs ganze Zimmer, sprang meine Mutter an und kletterte an ihrem Rücken hoch! Freddie kratzte Höhlen in die Bespannung unter dem Sofa, wo sich die drei verstecken konnten, aber Molly hatte ich am allerliebsten. Sie plapperte die ganze Zeit vor sich hin, und es kam uns vor, als hätte sie ständig etwas zu meckern. Sie war so ein zartes kleines Fräulein, nur halb so groß wie ihre Brüder, und oft verschwand sie für eine Ewigkeit. Wenn sie dann zurückkam, schwatzte sie in einem fort – und manchmal roch sie nach Parfum! Dann fragten wir uns, wohin sie wohl lief und ob sie noch ein zweites Leben führte.

Als ich größer wurde, teilte ich alle meine Sorgen mit ihr – wenn ich in der Schule gemobbt wurde, wenn eine Lehrerin mich schlug, wenn meine Mum krank war. Als Molly eines Tages nicht nach Hause kam, machten wir uns keine allzu großen Sorgen, denn sie blieb oft lange weg. Aber dann verging ein Tag nach dem anderen, und schließlich war sie schon eine Woche fort. Das kam mir komisch vor, und ich bekam Angst, dass ich sie vielleicht nie wiedersehen würde. Ich sollte recht behalten. Eines Tages, als ich von der Schule nach Hause kam, sagte mir meine Mum, dass meine Oma Molly tot an der Hauptstraße gefunden hatte. Sie war wohl von einem Lastwagen angefahren worden. Als mein Vater sie nach Hause brachte, dachte ich, mir bricht das Herz. Ich konnte einfach nicht fassen, dass sie ohne

Abschied von mir gegangen war. Ich wollte sie nur noch einmal in die Arme nehmen.

Sie fehlte mir sehr, und ich nahm mir vor, Oscar und Freddie dafür umso mehr zu lieben. Einige Jahre später zogen wir um, und die beiden Kater blieben bei meinen Großeltern, bis unser neues Haus fertig war. Zwar wohnten wir jetzt auf dem Land mit Hügeln hinter dem Haus und Blick auf die Nordsee, aber auch dort gab es eine belebte Landstraße. Ich wünschte, Freddie und Oscar wären für immer bei meinen Großeltern geblieben, denn wenige Wochen nach unserem Einzug in das neue Haus wurde Freddie überfahren. Ich konnte es einfach nicht fassen und war ebenso verzweifelt wie nach Mollys Tod.

Damit Oscar nicht so allein war, holten wir uns zwei junge Kätzchen – Trixie und Lola. Obwohl es wilde Katzen waren, hielten sie sich gern im Haus auf, worüber ich sehr froh war. Oscar dagegen ging lieber nach draußen, und ich hatte jeden Tag Angst um ihn. Ich war nur froh, dass die beiden Mädchen in Sicherheit waren. Doch das war leider ein Irrtum. Als Trixie erst acht Monate alt war, wurde sie sehr krank. Sie jammerte vor Schmerzen und konnte nicht mehr fressen. Der Tierarzt sagte, sie hätte anscheinend etwas verschluckt, das ihr nun im Magen lag. Aber für eine Operation war sie zu schwach. Also bekam sie Infusionen, und als es ihr besser ging, wurde sie operiert. Es stellte sich heraus, dass sie einen Ohrstöpsel verschluckt hatte. Trixie wurde nicht mehr richtig gesund. Offensichtlich hatte sie zu starke innere Verletzungen, sodass wir sie schließlich einschläfern lassen mussten. Ich war wütend – warum durften manche Leute ihre Tiere so lange behalten, und unsere starben so früh? Warum musste uns das passieren, obwohl wir immer gut zu den Katzen waren? Nach diesen traurigen Vorfällen schafften wir uns einen Hund an in der Hoffnung, dass wir ihn besser unter Kontrolle halten könnten. Jojo war ein wunderschöner Weimaraner. Allzu clever war er allerdings nicht, denn er verliebte sich bis über beide Ohren in Lola, obwohl die meistens mit den Krallen nach ihm schlug. Das machte ihm an-

scheinend nichts aus, denn er himmelte sie förmlich an, während sie lässig dalag und ihm immer mal wieder einen Hieb mit der Tatze versetzte! Sie war Molly sehr ähnlich, und ich hing sehr an ihr. Wenn meine Mutter mit Jojo einen Spaziergang in den Hügeln machte, trabte Lola oft den ganzen Weg hinter den beiden her, und wenn sie später erschöpft einschlief, schaute Jojo sie verliebt an. Endlich, dachte ich, hatten wir einmal mehr Glück mit unseren Tieren. Als wir unsere Koffer für einen Weihnachtsurlaub in Florida packten, war ich froh, dass die Katzen bei einer Bekannten gut aufgehoben waren und Jojo bei seiner Mutter und Schwester bleiben konnte. Es war seltsam, aber als es plötzlich an der Tür klopfte, wurde mir das Herz schwer, und ich dachte, dass vielleicht alles zu gut gelaufen war. Wo war Jojo? Draußen stand ein Mann, und als er mit meinem Vater redete, wusste ich, dass etwas Schlimmes geschehen war. Jojo war auf die Straße gelaufen und von einem Auto überfahren worden. Erst all die Katzen und jetzt noch unser Hund! Ich konnte es einfach nicht mehr ertragen, einen nach dem anderen zu verlieren.

Es hört sich schrecklich an, aber von nun an wartete ich förmlich darauf, dass etwas mit Lola oder Oscar geschah. Einige Monate später, als ich zur Haltestelle ging, um mit dem Schulbus zur Highschool zu fahren, sah ich plötzlich auf der anderen Straßenseite ein schwarz-weißes Fellbündel. Ich wusste sofort, es war Lola, die erst seit Jojos Tod nachts hinausging. Weinend lief ich ins Haus. Nahm das denn nie ein Ende? Oscar ist noch immer bei uns, und ich liebe ihn so sehr. Am liebsten würde ich ihn immer im Haus halten, aber das wäre ja kein Leben für eine Katze. Jetzt will ich keine Tiere mehr haben. Es tut einfach zu weh. Man liebt sie, erzählt ihnen alle Geheimnisse, und dann werden sie von so einem rücksichtslosen Menschen überfahren, der gar nicht begreift, dass er damit eine Familie auseinanderreißt.

Katzen sind so freiheitsliebende Wesen, und ich frage mich, ob wir einfach diesen Preis dafür zahlen müssen, wenn wir mit ihnen zusammenleben wollen. Sie streifen herum, gehen ihren eigenen Geschäften nach und sind dabei ständig in Gefahr. Ich hätte ja so gern noch eine Katze, aber ich will das Risiko nicht eingehen – noch ein Verlust wäre einfach zu viel für mich. Ich weiß, Sie werden Casper immer vermissen, und ich hoffe nur, irgendwann tut es nicht mehr ganz so weh. Der Schmerz geht nie ganz weg, aber manchmal können wir ihn ein wenig vergessen.

Evie, 14, Aberdeenshire

Ich musste sehr weinen über diesen Brief, aus dem so viel Kummer sprach. Da war ein Mädchen, das seine Tiere schrecklich liebte und doch eines nach dem anderen auf grausame Weise verlieren musste.

Ich wusste genau, was sie damit meinte, dass manche Leute ihre Tiere so lange behalten durften, obwohl sie sie nicht besonders gernhatten und nicht gut für sie sorgten. Ich habe schon erlebt, dass selbst Tiere, die grausam gequält wurden, noch immer an ihren Besitzern hingen, in der Hoffnung auf ein wenig Freundlichkeit. Diese Leute wissen die Liebe ihrer Tiere gar nicht zu schätzen. Dieses arme junge Mädchen dagegen hatte in kurzer Zeit so viele Tiere verloren. Wenn die Menschen doch nur erkennen würden, was sie an ihren Tieren haben. Viele von uns Katzenliebhabern täten alles, um die geliebten Tiere, die wir verloren haben, nur noch einmal wiedersehen zu dürfen.

Ich versuche, allen zu antworten, die mir wegen Casper schreiben, doch diesmal fiel es mir schwer, die richtigen Worte zu finden. Ich dankte dem jungen Mädchen, dass sie sich die Zeit genommen hatte, mir von ihren Tieren zu erzählen, sagte jedoch auch, dass mich ihr Brief sehr traurig gemacht habe. Wie gern hätte ich ihr eine einfache Erklärung dafür gegeben, warum Gott uns unsere geliebten Tiere so plötzlich entreißt, aber das konnte ich nicht. Er wird wohl seine Gründe dafür haben, aber trotzdem finde ich es schrecklich ungerecht.

Auch wenn ich immer noch sehr um Casper trauerte, zeigte mir Evies Brief, dass sie noch Schlimmeres erlebt hatte. Als Antwort beschwor ich sie:

Sag bitte nicht, dass du nie wieder ein Tier haben willst. Vielleicht begegnet dir ja eines Tages irgendwo ein Wesen, dem du ein liebevolles Zuhause geben kannst. Möglicherweise geschieht das erst, wenn du älter bist, aber auf jeden Fall wirst du wissen, wann der richtige Zeitpunkt dafür gekommen ist. Du liebst Tiere viel zu sehr, um »nie wieder« zu sagen.

Dieses Mädchen, das so traurig war und Angst davor hatte, noch mehr Tiere zu verlieren, hatte den Nagel auf den Kopf getroffen. Wir zahlen tatsächlich einen hohen Preis dafür, dass wir unser Leben mit Tieren teilen. Von den acht Katzen, die Chris und ich bis vor Kurzem hatten, leben nur noch zwei, und der Tod jeder einzelnen hat mich mitten ins Herz getroffen. Immer wieder sage ich mir, ich könne es nicht noch einmal ertragen, doch ohne Katzen kann ich auch nicht leben. Ich betrachte es als meine Aufgabe, alten, chancenlosen Tieren ein gutes Zuhause zu geben, selbst wenn ich dabei Kummer erdulden muss. So ist es nun einmal. Wir alle haben eine Aufgabe im Leben zu erfüllen, und vielleicht ist das ja meine. Ich schloss meinen Brief an Evie mit den Worten:

Dein Brief bedeutet mir sehr viel, und ich werde ihn stets in Ehren halten, weil die Worte aus deinem Herzen kommen. Wie ich schon sagte, der Kummer hat nie ein Ende, und wir vergessen niemals die Tiere, die wir einmal geliebt haben. Doch irgendwie werden wir damit fertig, denn das Wichtigste ist, überhaupt zu lieben.

Ich hoffe, ich konnte sie ein wenig trösten, nachdem ihr Brief mich so berührt hatte. Mir jedenfalls waren die vielen Zuschriften und die menschliche Wärme, die aus ihnen sprach, ein großer Trost, denn sie veränderten meine Sicht auf die Menschen und halfen mir ein wenig über die Trauer um Casper hinweg.

29

Zuspruch aus der Ferne

Ich musste einige Entscheidungen treffen, zum Beispiel, ob ich es ertragen konnte, das Foto von Casper und mir jeden Tag auf dem Bus zu sehen. Karen von First Devon and Cornwall machte sich Gedanken, ob ich den Anblick von Caspers Bild verkraften würde, und versicherte mir, ihre Firma werde sich – ungeachtet möglicher Kosten – ganz nach meinen Wünschen richten und die Poster umgehend entfernen, wenn ich es wollte. Ich zog es in Erwägung, weil ich mich vor möglichen unerfreulichen Bemerkungen fürchtete, falls die Bilder blieben. Doch je länger ich darüber nachdachte, desto mehr erschienen mir die Fotos als passendes Andenken an Casper. Er hatte diese Busse so sehr geliebt, und außerdem waren es hübsche Bilder. Daher beschloss ich, dass sie bleiben sollten, und bisher gab es dazu nur freundliche Kommentare von den Fahrgästen. Manchmal ist es für mich immer noch ein Schock, wenn ich die Bilder sehe, aber gleichzeitig sind sie auch mit schönen Erinnerungen an eine glückliche Zeit verbunden.

Meine zweite Entscheidung betraf den Autofahrer, der Casper getötet hatte. Es gibt, wie gesagt, kein Gesetz, das einen Fahrer zwingt, einen Unfall mit einer Katze zu melden, was ich nach wie vor als denkbar ungerecht empfinde. Hätte mir der Fahrer Bescheid gesagt und sich entschuldigt, dann wäre ich zwar noch immer entsetzt über Caspers Tod gewesen, aber ich glaube, ich wäre leichter darüber hinweggekommen. So werde ich den Gedanken nicht los, dass er damit »davongekommen« ist.

Edd und ich wandten uns beide an das Taxiunternehmen und schilderten den Leuten dort, wie groß der Verlust gewesen war, doch sie zeigten sich reichlich desinteressiert und reagierten mit Leugnen, Drohungen und Lügen, bis sie schließlich widerwillig eingestanden, dass einer ihrer Fahrer tatsächlich an jenem Tag mit hoher Geschwindigkeit durch die Poole Park Road gefahren war. Angeblich musste er einen Fahrgast ins Krankenhaus bringen. Von der Dame, die alles mitangesehen hatte, erfuhr ich jedoch, dass der Taxifahrer allein im Wagen gesessen hatte und nicht zum Krankenhaus, sondern in die entgegengesetzte Richtung unterwegs gewesen war. Nach Aussage der Polizei hatte der Fahrer zwar alles zugegeben, konnte jedoch nicht dafür belangt werden. Es fiel mir sehr schwer, das als unumstößlich zu akzeptieren.

Bei einem plötzlichen Verlust sind wir immer geneigt, jemanden dafür verantwortlich zu machen, und in meinem Fall kannte ich den Schuldigen genau – er hatte es ja sogar zugegeben. Dennoch waren mir die Hände gebunden, und den anderen Leuten war es egal. Casper war ja nur eine Katze gewesen.

Nein, sagte ich mir, ganz so war es nicht. Derjenige, der ihn getötet hatte, scherte sich nicht darum, doch vielen anderen Menschen war Caspers Tod nicht gleichgültig, und die Unterstützung dieser guten, aufrichtigen und mitfühlenden Menschen aus aller Welt war es, was mich aufrecht hielt. Tag für Tag erreichten mich Briefe und E-Mails – lauter anrührende Beweise der Hilfsbereitschaft und Menschlichkeit. Einer Dame, die mir aus Australien schrieb, antwortete ich umgehend und schickte ihr ein paar Fotos von Casper. Der Brief, den ich daraufhin von ihr erhielt, zeigte mir, wie wichtig es ihr war, einem Mitmenschen in einer schweren Zeit die Hand zu reichen.

Liebe Sue,
vielen Dank, dass Sie sich die Zeit genommen haben, mir einen so netten Brief zu schreiben. Es freut mich, dass meine Karte bei Ihnen angekommen ist – aus dem Artikel in unserer Lokalzeitung wusste ich nichts als Ihren Namen und dass Sie in Plymouth wohnen. Ich war sehr überrascht, denn ich wollte Ihnen

nur zeigen, dass auch andere um Casper trauern. Ich hatte nicht mit einer Antwort gerechnet. Vielen Dank auch für die Fotos von ihm. Ich habe sie den Kolleginnen gezeigt, die ebenso traurig darüber sind, dass er nicht mehr lebt. Es freut mich, dass Sie damit einverstanden waren, die Bilder an den Bussen zu lassen. Es ist ein schönes Andenken an Casper, und außerdem hoffe ich, dieser gemeine Taxifahrer wird dadurch jeden Tag daran erinnert, wie fahrlässig und herzlos er sich benommen hat. Er hat Casper sicherlich nicht mit Absicht überfahren, aber wenn er nicht so gerast wäre, dann wäre es nicht passiert, und dass er nicht angehalten und Casper geholfen hat, war einfach nur feige. Ich kann nicht begreifen, wie ein Mensch so grausam sein kann, und es ist abscheulich, dass niemand gegen ihn vorgeht, wo er doch beinahe auch noch das Kind angefahren hätte. Ein Jammer, dass man den Fahrer nicht zwingen kann, sich zu stellen und sich öffentlich zu entschuldigen. Hier in Adelaide muss laut Gesetz jeder, der ein Tier anfährt, anhalten und die Polizei rufen. Ich hoffe, irgendwann gibt es ein solches Gesetz auch in Plymouth.

Etwas Gutes hat es zumindest, dass Sie Caspers Geschichte erzählt haben. Ich habe festgestellt, dass Caspers Video auf YouTube aktualisiert wurde, und als ich es mir gestern ansah, musste ich weinen. Ich nehme an, Sie können es sich nicht ansehen, aber es ist eine wunderbare Erinnerung an ihn, und ich bin sicher, dass Tausende von Menschen, die es gesehen haben, ebenso traurig waren wie ich.

Ich hatte auch zwei Katzen, Dolly Cat und Mr Sam. Letzten Juli wurde Dolly krank, und obwohl ich sie regelmäßig beim Tierarzt untersuchen ließ, starb sie unerwartet in den frühen Morgenstunden des 27. September. Am 1. Dezember wäre sie achtzehn geworden. Dann, ein paar Tage später, wollte Mr Sam nicht mehr fressen. Also wieder zum Tierarzt, der einen Darmtumor feststellte. Der Kater hatte zu der Zeit noch keine Schmerzen, aber er konnte nicht geheilt, sondern nur mit Medikamenten behandelt werden. Alle zwei Wochen fuhr ich mit ihm zum Tierarzt, wo er appetitanregende Spritzen und Vitamine bekam. Obwohl ich mir ständig Sorgen um ihn machte, erlebte ich die letzte Zeit mit ihm ganz bewusst. Am 13. Januar wurde mir dann klar, dass es nicht mehr ging, und so ließ ich ihn einschläfern. Er war am 1. Januar sechzehn geworden. Es war schrecklich für mich, die beiden, die ich als kleine Kätzchen bekommen hatte, so kurz nacheinander zu verlieren, und ich vermisse sie noch immer sehr. Irgendwann werde ich mir eine neue Katze anschaffen, denn das Leben ohne eines dieser kleinen Pelztiere kommt mir leer vor. Aber im Augenblick ist meine Trauer noch zu groß.

Ihnen wünsche ich alles Gute und hoffe, dass der Schmerz über Caspers schrecklichen Tod mit der Zeit ein wenig nachlässt. Doch wie Sie selbst sagten, verschwindet er nie mehr völlig. Man lernt eben, damit zu leben.

Mit freundlichen Grüßen, Bronwyn aus Australien

Caspers Tod weckte bei vielen Menschen Erinnerungen an den Verlust ihres eigenen Tieres. So schrieb mir eine Dame namens Margaret eine sehr nette Karte:

Es ist immer schwer, einen guten Freund zu verlieren, und ich möchte Ihnen sagen, dass ich mit Ihnen fühle. Ich war so traurig, als ich von Caspers Tod erfuhr. Was war er doch für eine erstaunliche Katze! Heutzutage, wo nur noch schlechte Nachrichten in der Zeitung stehen, war es immer eine Freude, von Casper und seinen täglichen Busfahrten zu lesen. Bestimmt denken im Augenblick viele Leute an Sie.

Das glaubte ich auch angesichts der vielen freundlichen E-Mails, die ich bekam, darunter die folgende:

Er war ein lieber Kater, genau wie mein Robert, den ich vor Jahren besaß. Jedes Mal, wenn ich Casper sah, setzte ich mich neben ihn und streichelte ihn, und er ließ es sich gefallen. Dabei gingen mir die unterschiedlichsten Dinge durch den Kopf, die mich gerade beschäftigten. Als ich Robert noch hatte, erzählte ich ihm immer meine Sorgen, doch mit Casper im Bus konnte ich nicht einfach reden, sonst hätten mich die Leute für verrückt gehalten. Also dachte ich nur über alles nach, während ich den lieben Kerl streichelte. Ich hätte ihn zu gern mit nach Hause genommen, aber für ein Haustier bin ich schon viel zu alt. Aber ich habe mich immer gefreut, ihn zu sehen, und ich glaube, so ging es vielen Leuten.

Ein Ehepaar aus Nottingham schrieb:

Wir waren sehr bestürzt, als wir die traurige Nachricht von Casper lasen – er muss ein wunderbarer Kater gewesen sein, und wir hätten ihn so gern kennengelernt. Als wir im Oktober 2009 Urlaub in Cornwall machten, hörten wir zum ersten Mal von ihm, und wir besitzen ein hübsches Foto, auf dem er im Bus sitzt und darauf wartet, dass die Türen aufgehen. Wir wünschen Ihnen alles, alles Gute.

Zu den Menschen, die meinen Kater gernhatten und an seinem Schicksal Anteil nahmen, gehörte auch eine Dame aus Truro in Cornwall:

Es war ein furchtbarer Schock für mich, als ich las, dass Ihr geliebter Kater Casper überfahren wurde. Ich liebe Tiere, und besonders Katzen, von ganzem Herzen und habe mich immer über die netten Geschichten gefreut, in denen geschildert wurde, wie Ihr wunderbarer Kater mit dem Bus fuhr. Ihr kleiner Casper war ebenso berühmt wie Dewey, die amerikanische »Bibliothekskatze«. Es muss schrecklich für Sie gewesen sein, ihn zu verlieren, denn jeder Tierbesitzer weiß, dass es ebenso wehtut, wie wenn ein Mensch stirbt. Als das erste Mal eines meiner Kätzchen überfahren wurde, war ich untröstlich. In solchen Momenten muss man sich sagen, dass es im Gegensatz zu vielen anderen Tieren in seinem kurzen Leben ein gutes, liebevolles Zuhause hatte. Ich habe mich gefreut, Sie kennenzulernen, auch wenn es ein sehr trauriger Anlass war, denn heutzutage tut es besonders gut zu erfahren, dass es noch nette Menschen gibt.

Sie hatte vollkommen recht, es tat wirklich gut, zumal uns so oft eingeredet wird, wir seien ganz allein auf der Welt, ein weiches Herz zu haben sei etwas Schlechtes und niemand empfände so wie wir. Doch das stimmt einfach nicht. Durch Casper habe ich erfahren, dass es überall auf der Welt gute Menschen gibt.

Debra aus Westaustralien schrieb:

Als meine kleine Tochter und ich heute Morgen die traurige Nachricht von Ihrem Kater Casper in der Zeitung lasen, schrieb ich sofort eine E-Mail an den Plymouth Herald. Caspers Geschichte hat mich sehr berührt, und ich wollte Ihnen mein aufrichtiges Beileid aussprechen, ebenso wie dem Busfahrer, der Casper ja auch schon seit Jahren kannte und bestimmt ebenfalls sehr traurig ist. Stimmt es, dass Sie Casper aus dem Tierschutz hatten? Ich habe auch einen Kater, er ist mittlerweile sechzehn, und meine Familie und ich lieben ihn sehr. Einen Tag bevor er in ein Tierheim gebracht werden sollte, nahm ich ihn auf, und er hat sich seitdem im Großen und Ganzen als sehr anhänglich erwiesen. Ich sage »im Großen und Ganzen«, weil er, wie Sie es ja auch von Casper kannten, einen ausgeprägten Freiheitsdrang hat und oft viele Stunden lang von der Bildfläche verschwindet.

Überall auf der Welt gab es faszinierende Menschen. Helen, eine Dame aus den USA, schrieb mir beispielsweise:

Ich habe lange geweint, als ich von Caspers Tod las. Dabei kam ich mir selbst albern vor, bis mir klar wurde, warum die Geschichte mich so berührte. Meine Familie übersiedelte von Eng-

land in die Staaten, als ich vierzehn war, und obgleich mir der Sonnenschein und die guten Möglichkeiten hier gefielen, empfand ich England weiterhin als meine Heimat. Ich war immer froh, wenn wir zu Weihnachten nach Hause fuhren – was wir, wenn irgend möglich, jedes Jahr taten, selbst als ich schon aufs College ging. Dann besuchten wir Tanten und Onkel in ganz England. Sie lebten auf Bauernhöfen und in der Stadt, eines jedoch hatten sie alle gemeinsam: Katzen. In Amerika hielten wir einen Hund, den ich sehr liebte, aber Katzen hatten etwas an sich, das ich mit Heimat verband. Noch heute erinnere ich mich mit Vergnügen an die vielen Weihnachtsfeste, an denen ich mich mit der jeweiligen Katze des Hauses aufs Sofa kuschelte, und ich glaube, ich habe die Tiere mehr vermisst als meine Verwandten. Später, als ich verheiratet war und selbst Familie hatte, schaffte ich mir ein Kätzchen an. Mittlerweile sind mein Mann und ich seit über zwanzig Jahren verheiratet und haben drei Kinder, und noch immer freuen wir uns, wenn wir nach Hause kommen und eine Katze dort auf uns wartet. Unsere Katzen tragen allesamt typisch englische Namen – zurzeit haben wir ein Pärchen namens Percy und Mabel –, und ich frage mich manchmal, ob wir nicht nur ihretwegen noch hier sind. Wenn sie in Großbritannien nicht in Quarantäne müssten, würde ich wohl gern wieder in die Heimat ziehen, denn bei Caspers Geschichte bekam ich richtig Heimweh. Lag es an den Bussen oder an der Vorstellung, wie die Leute zusammen mit dem Kater an der Haltestelle Schlange stehen? Ich weiß es nicht, aber als ich von seinem Tod erfuhr, war mir, als sei ein Traum in Scherben gegangen. Ich hoffe, Sie kommen darüber hinweg und ringen sich trotz Ihrer Trauer durch, eine neue Katze aufzunehmen. Ich denke an Sie.

Auch für mich war Casper untrennbar mit meinem Zuhause verbunden gewesen, das mir jetzt entsetzlich leer erschien, aber der stetige Zuspruch völlig fremder Menschen und ihre selbstlose Freundlichkeit gaben mir doch zu denken. Es war, als wollte Casper mich etwas lehren. Die Erfahrung mit Greg und seiner Großmutter hatte mir gezeigt, dass es Dinge auf der Welt gibt, die wir nicht begreifen können, und heute bin ich überzeugt, dass auch die schwersten Zeiten noch ein Gewinn sein können.

Das heißt nicht, dass ich nicht mehr um Casper trauere. Manchmal überkommt mich der Schmerz ganz unvermittelt, etwa wenn ich hinaus zu den Mülltonnen schaue und mir vorstelle, er säße dort. Nach seinem Tod lag einige Tage lang eine Plastiktüte unter einer Hecke auf der anderen Straßenseite, und in meiner Verzweiflung bildete ich mir manchmal ein, es sei Casper. Sich mit dem Verlust abzufinden, fällt so schwer.

Wenn ich nur noch einmal Cassies Halsband klimpern hörte, das wäre so wundervoll! Dann wäre ich restlos davon überzeugt, dass Tiere eine Seele haben. So jedoch bin ich mir nicht ganz sicher. Sein Charakter und sein Leben haben gewiss einen bleibenden Eindruck hinterlassen, aber vielleicht bin ich einfach noch zu erschüttert, um meine Gedanken weiterzuspinnen und mir vorzustellen, dass er irgendwie über mich wacht.

Im Laufe der Jahre habe ich mich völlig verändert und doch immer wieder zu mir selbst gefunden, nicht zuletzt mithilfe meiner zahlreichen Katzen. Obwohl für mich immer nur zählt, was ich ihnen geben kann, erkenne ich in der Rückschau, wie viel Selbstvertrauen und Zuversicht sie mir im Gegenzug geschenkt haben.

Dieses wunderbare Verhältnis zu unseren Tieren sollten wir nie für selbstverständlich nehmen. Wenn ich Casper nur für eine einzige Minute wiedersehen könnte, dann würde ich ihm sagen, wie viel er mir bedeutet hat und welch ein Segen es war, das Leben mit ihm teilen zu dürfen. Nutzen Sie die Gelegenheit, solange Ihre Tiere noch bei Ihnen sind, um sie in den Arm zu nehmen und sie lieb zu haben. Genießen Sie jeden Augenblick mit ihnen, denn die Zeit ist immer zu kurz.

30

Die Kraft der Erinnerung

Als ich dieses Buch zu schreiben begann, war mir ein wenig beklommen zumute. Schließlich hatte ich so etwas noch nie getan. Aber die Leute vom Verlag gaben mir Rückhalt, da sie der Meinung waren, Caspers Geschichte werde viele Menschen interessieren. Dennoch überlegte ich es mir lange, bevor ich mich dazu entschloss. Dabei ging mir immer wieder eine Frage durch den Kopf: Wie konnte ein kleiner Kater nur so viel bewirken?

In den Monaten, nachdem Caspers Streifzüge bekannt geworden waren, erhielt ich freundliche Briefe und E-Mails aus aller Welt, und ich erkannte, wie sehr mein Kater die Herzen der Menschen erobert hatte. Die Gefühle, die er auslöste – sei es Liebe oder auch Vertrautheit –, waren für mich der Beweis, dass uns alle mehr verbindet, als wir ahnen.

Was hören und lesen wir nicht alles von solch schrecklichen Dingen wie Krieg, Verbrechen, Hass und anderen Abscheulichkeiten. Caspers Geschichte dagegen hat mir die Augen für das Gute im Menschen geöffnet. In Zeiten der Not treibt uns ein natürlicher Instinkt, unseren Mitmenschen die Hand zu reichen, und sei es über Länder und Kontinente hinweg. Wenn Casper es geschafft hat, dass sich zwei Menschen im Bus unterhielten, über einen Zeitungsartikel sprachen oder am Gartenzaun über die lustige kleine Katze plauderten, die so gern mit dem Bus fuhr, dann hat er meiner Ansicht nach viel bewirkt.

Ich bin kein besonders religiöser Mensch, aber ich bin überzeugt, dass jedes Lebewesen – ob Mensch oder Katze – die Gabe besitzt, Dinge zu verändern. Als ich sah, wie viel Casper selbst Menschen bedeutete, die ihn nie kennengelernt hatten, wurde mir klar, dass ich die Pflicht hatte, seine Geschichte zu erzählen – sei es auch nur, um andere, die ebenfalls ein Tier verloren hatten, zu trösten und ihnen zu zeigen, dass sie mit ihrer Trauer nicht allein sind.

Viele Stunden lang dachte ich mit Freuden an meinen süßen Casper und all die anderen Katzen vor ihm und erinnerte mich dabei an Dinge, die ich längst vergessen zu haben glaubte. Die Erinnerungen weckten in mir den Wunsch, mehr über diesen sonderbaren kleinen Kater zu erfahren, der in seiner ganz eigenen Welt lebte. Ich ging ins Busdepot und sprach dort mit all den netten Fahrern und den anderen Angestellten, die Casper gekannt und sich um ihn gekümmert hatten. Ich unterhielt mich mit Nachbarn und Fahrgästen, und über Facebook und andere Webseiten kam ich in Kontakt mit Menschen, die interessante Geschichten zu erzählen hatten. Im Laufe meiner Recherchen erfuhr ich immer mehr über meinen Kater und sein geheimes Leben, und ich merkte, dass die Menschen nur auf eine Gelegenheit warteten, mir etwas zu erzählen – nicht nur über Casper, sondern über ihre eigenen geliebten Tiere, die sie verloren hatten. Es war, als liefere Casper ihnen einen Anlass, offen ihre Gefühle zu zeigen.

Falls auch Sie schon einmal ein geliebtes Tier verloren haben, dann trösten Sie sich mit dem Gedanken an die wunderbare Beziehung zu ihm. Gewiss, der Trennungsschmerz ist so schlimm, dass man denkt, man werde nie darüber hinwegkommen, aber irgendwie schafft man es doch. Und ich glaube, der Grund dafür ist, dass Liebe uns stärker macht. Indem wir unsere Herzen öffnen und unsere Träume mit anderen teilen, wächst unsere Fähigkeit zu lieben. Schämen Sie sich nicht für Ihre Gefühle und glauben Sie nicht, Sie müssten das Andenken an das Geschöpf, dem Sie so viel Freude verdanken, vor der Welt verbergen. Denn welchen Sinn hätte der Schmerz, würde er nicht die Erinnerung an glückliche Tage in sich bergen?

Wenn Sie das Gefühl haben, ein Tier zu verlieren sei so unerträglich schwer, dass Sie es nie wieder erleben wollen, dann denken Sie bitte daran, wie viele Katzen ich im Laufe der Zeit verloren habe. Mit einer solchen Einstellung hätte ich Casper nie kennengelernt. Und dann hätten all die vielen Menschen niemals etwas von ihm gehört und sich an seiner Geschichte erfreut. Schmerz und die Angst, verletzt zu werden, können so stark sein, dass sie uns daran hindern, das zu tun, was unser Herz wirklich begehrt. Wenn Sie Tiere lieben, dann sollten Sie nicht auf die Treue und Zuneigung verzichten, die sie uns entgegenbringen.

Einmal bekam ich von einer Dame ein Gedicht, das ihr elfjähriger Sohn geschrieben hatte. Es sollte mir zeigen, wie lieb ihm Casper gewesen war:

Casper war ein stolzer Kater,
Sein Anblick ein Genuss.
Wie gerne hätt' ich ihn gesehen
Einmal in seinem Bus.

Er reiste durch die ganze Stadt,
Doch nie ging er zu Fuß.
Er fuhr auch mit dem Auto nicht,
Nein, immer mit dem Bus!

Wenn ich ihn nur getroffen hätt',
Dann hielte ich ihn dort
Und sagte: »Schöner Casper du,
Geh bitte heut nicht fort.«

Fest hielt' ich ihn in meinem Arm,
Das Auto führ' vorbei.
Und erst wenn er ganz sicher wär,
Ließ' ich ihn wieder frei.

Denn meine Katzen sind auch tot.
Wie groß ist mein Verlangen.

Und jeden Tag, da wünscht' ich mir,
Sie wär'n nicht fortgegangen.

Doch Katzen halten wir nicht fest.
Frei ihren Weg sie gehen.
Uns bleibt die Hoffnung nur zuletzt,
Dass wir sie wiedersehen.

Das wünsch ich dir in deinem Schmerz,
jetzt, da dein Auge weint:
Ist Liebe stärker als der Tod,
Seid einst ihr wieder vereint.

Beim Lesen war ich wieder einmal in Tränen aufgelöst, doch es waren Tränen des Glücks und der Erleichterung. Casper hatte mich verlassen, aber er hatte nicht nur mein Leben verändert, sondern auch mich selbst und die vielen anderen Menschen, deren Herz er gerührt hatte. Das wäre für jeden eine gewaltige Leistung gewesen, und ganz besonders für einen kleinen, wuscheligen Findelkater.

Viele Wochen sind seit Caspers Tod vergangen, aber es kommt mir vor, als sei es gestern gewesen, denn ich vermisse ihn noch immer so sehr und empfinde die gewaltige Lücke, die er in unserem Leben hinterlassen hat. Doch zugleich wächst in mir der Wunsch, Casper möge nicht umsonst gestorben sein. Es gibt noch unzählige Tiere auf der Welt, die dringend unsere Hilfe brauchen, und ich bin sicher, dass ich einigen von ihnen irgendwann meine Fürsorge schenken kann. Im Augenblick sind die Erinnerungen an Casper und meine anderen verlorenen Katzen noch zu frisch, aber eines Tages … Wer weiß?

Epilog

So viele Kleinigkeiten erinnern mich an dich, Casper. Wenn ich könnte, würde ich ein Gedicht über dich schreiben, doch dazu fehlt mir das Talent. Und so kann ich nur mein Herz öffnen, das noch immer deine Pfotenabdrücke trägt, und von dir erzählen.

Obwohl meine Kinder, meine Geschwister und ich selbst insgesamt einundzwanzig Katzen aus dem Tierschutz beherbergen, vermisse ich noch immer das leise Klimpern der Anhänger an deinem Halsband, das mir immer verriet, wenn du in der Nähe und damit in Sicherheit warst.

Ich vermisse es, in der Küche jedes Häppchen vor dir in Sicherheit bringen zu müssen, und wenn ich dich dafür zurükkbekommen könnte, dürftest du mir gern alles stibitzen, was du nur wolltest.

Ich vermisse es, dich auf der Arbeitsplatte sitzen zu sehen, von wo aus du mich immer beim Kochen beobachtet hast – und du hast zu Recht darauf gehofft, dass ein paar Leckerbissen für dich abfallen.

Ich vermisse deine Begrüßung nach einem schweren Arbeitstag, wann immer ich nach Hause kam.

Ich vermisse deinen Anblick, wie du auf der Mülltonne vor dem Haus wie in einer Loge saßest und dem Treiben auf der Straße zusahst, als sei es das großartigste Spektakel der Welt.

Ich vermisse es, aus dem Fenster zu schauen und dich an der Haltestelle zu sehen, wo du wie selbstverständlich mit den anderen Fahrgästen in der Schlange standest.

Ich vermisse es, dir Leckereien zu kaufen und abends mit dir auf dem Sofa zu sitzen, zufrieden mit der Welt und den schlichten Freuden des Lebens.

Was gäbe ich nicht alles dafür, wenn ich dich noch einmal knuddeln dürfte! Doch das Leben geht weiter, und nichts bringt dich mir zurück. Ich kann dir nur versprechen, niemals zu vergessen, was du mir gegeben hast, und weiterzugeben, was ich von dir gelernt habe.

Und was habe ich von Casper gelernt?

Das Leben zu genießen.

Sich an einfachen Dingen zu erfreuen. Und sollten Sonnenschein, Putenbruststreifen und Busfahren nicht Ihr Ding sein, dann finden Sie Ihr eigenes Glücksrezept und leben Sie danach.

Finden Sie heraus, was Ihnen Spaß macht, und bleiben Sie dabei.

Glauben Sie daran, dass es viele gute Menschen auf der Welt gibt, und Sie werden sehen, dass es so ist.

Mein letzter Ratschlag wird manche vielleicht überraschen, denn ohne die Fahrlässigkeit eines gedankenlosen Menschen wäre Casper heute noch bei uns. Und doch habe ich daraus gelernt, dass ein Unglück auch etwas Gutes bewirken kann. Die letzten Jahre waren für uns nicht leicht, aber sie haben uns Casper geschenkt mit allem, was er uns gegeben hat. Es ist, als wollten uns sein Abenteuergeist und seine Reiselust sagen: Öffne dich nur der Welt, dann öffnet sich die Welt auch dir. Sein Leben – und noch mehr sein Tod – haben etwas in den Menschen zum Vorschein gebracht. Ich hätte nie gedacht, welch freundliche, tröstende Worte wildfremde Menschen finden können, aber jeder Tag bringt weitere Briefe voller Aufmunterung und Zuspruch. Es ist, als würde Casper zu mir sprechen und mich beschwören, tapfer zu sein, durchzuhalten und sein Andenken zu bewahren.

Vielen Dank, Casper. Ich danke dir von ganzem Herzen – bis wir uns wiedersehen.

Casper: Meine Geschichte geht weiter

Ist meine Geschichte nun fröhlich oder traurig?

Verzeiht mir die Bemerkung, aber so kann nur ein Mensch fragen.

Wir alle haben unsere Zeit, und meine Zeit mit meinem Frauchen und euch allen war abgelaufen.

Ich hatte schon ein Leben vor Sue und vor dem Zeitpunkt, da diese Geschichte beginnt, und in diesem Leben habe ich viele Erfahrungen gemacht und fantastische Abenteuer erlebt. Aber weder Tier noch Mensch tut es gut, zu sehr in Erinnerungen zu schwelgen. Ich hatte meinen Spaß und saß auch manches Mal in der Klemme, und obwohl mein Leben ein trauriges Ende nahm, kann ich mich nicht beklagen. Sollte ich allerdings noch einmal auf die Welt kommen, werde ich mich vor diesen scheußlichen rasenden Blechkisten in Acht nehmen, die so ganz anders sind als die netten Busse.

In jedem Leben gibt es Probleme, umso mehr sollten wir alles Gute schätzen, das uns in den Schoß fällt - und ihr Menschen solltet viel gelassener werden. Genießt die Schönheit ringsum. Freut euch an einem sonnigen Tag, aber lernt, auch die Regentropfen zu schätzen. Schaut euch die schönen Blumen an, doch vergesst dabei nicht, dass auch Unkraut und Gestrüpp wichtig sind. Sie bieten uns Katzen nämlich herrliche Verstecke, von denen aus wir die ganze Umgebung im Blick behalten können. Alles hat seine Daseinsberechtigung und sein Gutes, man muss nur manchmal eine Weile danach suchen.

Hier liege ich nun behaglich auf der Regenbogenbrücke in der Sonne und möchte euch noch einen letzten guten Rat geben. Ich habe erfahren, was es heißt, eine zweite Chance zu bekommen, und daher sage ich euch: Seid dankbar für das, was ihr habt, würdigt die Liebe, wenn sie euch begegnet, und wann immer euch eine schöne Katze über den Weg läuft - nehmt euch einen Augenblick Zeit, um sie zu bewundern. Denn wer weiß, vielleicht könnt ihr von dieser Katze ja etwas lernen ...

Alles Liebe, Casper

Danksagung

Mein aufrichtiger Dank gilt Linda Watson-Brown, die so viel Geduld mit mir hatte und mir half, dieses schöne Buch zu schreiben, den Mitarbeitern von Simon & Schuster UK, die das Buch erst möglich gemacht haben, allen Angestellten der First Group und ganz besonders Karen Baxter und den Fahrern der Linie Drei, die immer so gut auf Casper aufgepasst haben, wenn er mit ihnen unterwegs war.